RÉVOLUTION

ET

MONARCHIE

LÉGITIME

LA VÉRITÉ

A TOUS LES PARTIS POLITIQUES

DE LA FRANCE

PAR UN DISCIPLE SAVOYARD DU COMTE DE MAISTRE

L'ACTION DIVINE DANS LES RÉVOLUTIONS
COUP D'ŒIL SYNTHÉTIQUE SUR LA RÉVOLUTION FRANÇAISE
MÉTAMORPHOSES RÉVOLUTIONNAIRES DE 1830 A 1870
PRÉMISSES D'UNE ÈRE MONARCHIQUE NOUVELLE

PARIS

VICTOR PALMÉ, LIBRAIRE-ÉDITEUR

Rue Grenelle-St-Germain, 25

OCTOBRE 1873

RÉVOLUTION

ET

MONARCHIE LÉGITIME

Chambéry, imp. E. D'ALBANE, place St-Léger, 13

RÉVOLUTION

ET

MONARCHIE

LÉGITIME

LA VÉRITÉ

A TOUS LES PARTIS POLITIQUES

DE LA FRANCE

PAR UN DISCIPLE SAVOYARD DU COMTE DE MAISTRE

L'ACTION DIVINE DANS LES RÉVOLUTIONS
COUP D'ŒIL SYNTHÉTIQUE SUR LA RÉVOLUTION FRANÇAISE
MÉTAMORPHOSES RÉVOLUTIONNAIRES DE 1830 A 1870
PRÉMISSES D'UNE ÈRE MONARCHIQUE NOUVELLE

PARIS

VICTOR PALMÉ, LIBRAIRE-ÉDITEUR

Rue Grenelle-St-Germain, 25

1873

Tous droits réservés

L'ACTION DIVINE

DANS LES RÉVOLUTIONS [1]

THÉORIE DU COMTE DE MAISTRE SUR LES RÉVOLUTIONS. — LES TERRORISTES, LES HOMMES DU 4 SEPTEMBRE ET DE LA COMMUNE. — SIMILITUDES DE LEUR ROLE ET DE LEUR MISSION SUR LA FRANCE. — PORTRAIT POLITIQUE DE THIERS. — CONSÉQUENCES DE SA CHUTE LE 24 MAI.

I

Il y a quatre-vingts ans bientôt que la plume inspirée du comte de Maistre traçait les remarquables lignes suivantes :

« Nous sommes tous attachés au trône de l'Être Suprême par une chaîne souple qui nous retient sans nous asservir.

« Ce qu'il y a de plus admirable dans l'ordre universel des choses, c'est l'action des êtres libres sous

---

[1] L'auteur a publié en 1871, dans un journal politique et religieux de la Savoie, un article portant le même titre. Il renfermait des considérations que les événements ont justifiées, et qui sont reproduites ici avec de nouveaux développements inspirés par les circonstances actuelles.

la main divine. Librement esclaves, ils opèrent tout à la fois volontairement et nécessairement : ils font réellement ce qu'ils veulent, mais sans pouvoir déranger les plans généraux. Chacun de ces êtres occupe le centre d'une sphère d'activité dont le diamètre varie au gré de *l'éternel géomètre*, qui sait étendre, restreindre, arrêter ou diriger la volonté, sans altérer sa nature. »

L'illustre écrivain ajoutait plus loin :

« Certaines mesures qui sont au pouvoir de l'homme produisent régulièrement certains effets dans le cours ordinaire des choses ; s'il manque son but, il sait pourquoi ou croit le savoir ; il connaît les obstacles, il les apprécie, et rien ne l'étonne.

« Mais dans les temps de révolutions la chaîne qui lie l'homme au Créateur se raccourcit brusquement, son action diminue, et ses moyens le trompent. Alors, entraîné par une force inconnue, il se dépite contre elle, et au lieu de baiser la main qui le serre il la méconnaît ou l'insulte. » (1)

Le comte de Maistre formulait ainsi, au commencement de la Révolution française, des vérités immuables. Elles se dressent de nouveau avec toute leur éloquence au milieu des événements qui semblent, aujourd'hui, marquer la fin de cette ère terrible.

Jamais *cette force inconnue*, qui est celle de la Divinité elle-même, ne s'est montrée plus évidente aux yeux de ceux qui y croient et qui s'inclinent devant elle, et jamais elle n'a été plus méconnue et plus insultée par ceux qui sont ses plus dociles instruments.

Jamais elle ne s'est mieux substituée à l'action

______

(1) Voir *Considérations sur la France*, chapitre 1ᵉʳ, pages 15 et 17.

humaine pour dominer la Révolution qui, comme le dit si bien le comte de Maistre, « mène les hommes plus que les hommes ne la mènent. »

II

En 1870, comme en 1793, ce n'est ni la puissance du génie humain, ni la supériorité du talent, qui sont parvenus à lancer triomphalement le *char révolution-naire* sur la France ; c'est l'incapacité dictatoriale, c'est l'abjection alliée à l'ignorance et à une audace inouïe chez une catégorie d'hommes obéissant pour un temps déterminé à une force *qui en sait plus qu'eux.*

Mais quelque chose de surnaturel frappant de stupeur l'intelligence des masses, se révèle dans toutes leurs paroles et dans tous leurs actes. Ils ressemblent à des enchanteurs armés d'une baguette magique dont le pouvoir suspend l'ordre naturel des choses, *restreint, étend, dirige ou arrête l'action* des êtres libres.

Ils parlent tous les langages et font vibrer avec des accents de vérité toutes les fibres d'une éloquence sonore et factice.

Ils commandent à des armées dont les bataillons se meuvent à leur voix d'une manière automatique, et ils se substituent ainsi aux plus grands généraux qui, en temps ordinaire, ne voudraient pas d'eux à titre de simples soldats, tant ils sont indisciplinés et lâches.

Ils fabriquent instantanément des décrets qui vont arrêter partout l'action régulière des lois fondamentales de l'Etat et faire asseoir la plus lourde oppression et la plus effroyable tyrannie à côté de toutes les fonctions judiciaires et administratives.

Ils possèdent le don de corrompre et d'avilir les consciences, d'anéantir dans les âmes les notions du juste et de l'injuste, de l'honneur et du patriotisme ; de tout vouloir et de tout oser, parce que tout leur réussit ; de régner par le mensonge, l'impiété et la terreur qu'ils inspirent.

C'est ainsi qu'ils obtiennent la soumission du peuple au nom des calamités qui les ont enfantés.

Fascinant tous les yeux et trompant la raison humaine en l'exaltant au-dessus de l'idée de Dieu lui-même, ils se font passer pour de vastes génies.

En réalité, ils ne sont que de vulgaires scélérats.

Leur puissance s'appuie sur les passions mauvaises dont se nourrissent les multitudes ignorantes qu'ils traînent toujours après eux, des poignards et des torches incendiaires à la main et les pieds dans le sang.

S'ils sont les derniers à s'étonner de cette puissance que ni le génie, ni le talent, ni la vertu, ni le courage, ne justifient en eux, c'est que toujours leur orgueil se place au niveau de leur abjection, de leur ignorance et de leur audace.

Aussi rien ne peut-il dès lors leur faire reconnaître le souffle de la Divinité qui les fait agir au profit de sa justice et de sa vengeance contre une nation coupable.

Voilà toute la logique des révolutions, qu'il faut considérer, selon nous, comme des liquidations générales du bilan des sociétés en décadence et corrompues.

Les hommes posent aveuglément les chiffres : Dieu, qui tient la balance, les vérifie et les aligne sur le grand livre des secrets éternels, jusqu'au moment où il proclame d'immuables calculs au milieu des manifestations de sa toute-puissance.

Ce moment est appelé révolution pour les hommes ;

mais ce ne sont pas les hommes qui fixent son jour et son heure.

Une révolution éclate ordinairement tout à coup contre toute attente, comme la foudre. Si elle est acclamée à son début, c'est qu'elle ouvre une libre carrière à toutes les passions, à toutes les convoitises et à tous les crimes ; mais, d'un autre côté, elle aveugle ceux qui croient la conduire et apporte le châtiment des coupables. Elle écrase les insensés qui ont cru l'asservir à leurs utopies. Elle trompe, en les étouffant, les désirs effrénés des masses populaires égarées par les tribuns, qui les excitent et les exploitent à leur profit.

En même temps la Divinité recueille les larmes de la vertu et le sang de l'innocence, pour les retenir comme un premier gage d'expiation. Elle en fait ensuite une source de clémence et de consolation qu'elle reverse à pleines mains sur les peuples châtiés et repentants (1).

III

Plus on examine le rôle des agents actifs de la Révolution, plus on trouve en eux quelque chose de passif et de mécanique.

(1) Une croyance traditionnelle a partout enseigné et persuadé partout : *que la chair et le sang sont coupables, et que le ciel est irrité contre la chair et le sang; que dans l'effusion du sang il est une vertu expiatrice; que le sang coupable peut être racheté par le sang innocent.*

Cette croyance a été exposée et développée par le comte de Maistre, avec toute la puissance de son génie et de son érudition, dans les *Considérations sur la France*, dans les *Soirées de Saint-Pétersbourg*, et dans l'*Eclaircissement sur les sacrifices*.

C'est le dogme chrétien de la *reversibilité des douleurs de l'innocence au profit des coupables*, dogme que la raison n'a pu expliquer, ni l'incrédulité détruire.

« On ne saurait trop le répéter, dit le comte de Maistre, ce ne sont point les hommes qui mènent la révolution ; c'est la Révolution qui emploie les hommes. On dit fort bien, quand on dit *qu'elle va toute seule*. Cette phrase signifie que jamais la Divinité ne s'est montrée d'une manière si claire dans aucun événement humain. *Si elle emploie les instruments les plus vils, c'est qu'elle punit pour régénérer.* » (1)

La force *entraînante et irrésistible* que l'auteur des *Considérations sur la France* découvrit dans les mains de Marat, de Danton, de Collot d'Herbois, de Barrère et de Robespierre, est la même que nous avons vu agir avec leurs ridicules et sinistres plagiaires : les hommes du 4 Septembre et de la Commune.

Les uns en établissant le règne de la Terreur dont ils furent les premiers bourreaux et ensuite les victimes, les autres en se plaçant à la tête du mouvement révolutionnaire qui, de nos jours, a plongé de nouveau la France dans les convulsions de l'agonie, « l'ont fait sans le vouloir et sans savoir ce qu'ils faisaient ; ils ont été conduits par les événements : un projet antérieur n'aurait pas réussi. »

C'est ainsi qu'à quatre-vingts ans de distance les mêmes individualités farouches et sanguinaires de la Convention et du jacobinisme reparurent à nos yeux avec leur cortége de désordres et de calamités. Nous les avons vues, comme pendant les années de la Terreur, s'exaltant et se renversant tour à tour. De même que leurs modèles, ces hommes comblaient par leurs crimes la mesure d'expiation décrétée par la Divinité outragée contre la France athée, prostituée, pendant quarante

______

(1) *Considérations sur la France*, chapitre 1ᵉʳ, page 21.

ans, aux régimes corrupteurs des monarchies frelatées, du césarisme et de l'anarchie. Mais comme leurs modèles aussi, leur œuvre une fois accomplie, et dès qu'ils ont eu la prétention de dominer la force qui les faisait agir, ils sont tombés ignoblement.

Quel a été le sort de ces personnifications contemporaines de la Révolution qui ont acclamé la troisième république, après en avoir préparé l'avènement par la chute du second Empire ?

Quelle autorité et quel crédit ont conservé sur les masses populaires, égarées par leurs prédications, les Jules Favre, les Jules Simon, les Crémieux, les Rochefort, les Pelletan et les Gambetta ?

Que sont devenus les Delescluze, les Vermesch, les Vermorel, les Raoul Rigault, les Félix Pyat, les Rastoul, les Ranc, les Gaillard, les Maroteau et tant d'autres chefs de la Commune, êtres ineptes, ignorants et cruels, qui exercèrent sur la Babylone moderne un pouvoir gigantesque, terreur de la France et de l'Europe ?

La plupart ont eu le sort de leurs devanciers les conventionnels et les terroristes.

Les uns sont morts avec ignominie, victimes de la conjuration redoutable qu'ils dirigeaient eux-mêmes contre l'ordre social, contre la religion et contre la propriété.

Les autres se sont enfuis lâchement ou sont tombés sous le ridicule et dans l'oubli, d'où l'histoire évoquera un jour leurs noms pour les vouer à une éternelle exécration.

On compte déjà par centaines dans toute la France ces instruments actifs et aveugles de la Révolution qui, comme les Esquiros, les Duportal, les Challemel-Lacour, les Cluseret et les Barodet, disparaissent honteuse-

ment de la scène, où, à défaut de génie, de talents, de
vertus et de courage, ils ne brillèrent que par l'audace,
la turpitude et la lâcheté.

IV

Au moment où nous écrivons ces lignes (1er octobre 1873), un des apôtres les plus fervents de la révolution est encore épargné : c'est Thiers, dont nous avons
vu la popularité se transformer pendant quelque temps
en autorité souveraine sur la France.

Là encore il faut voir un de ces desseins de *l'éternel
géomètre, qui sait étendre, restreindre, arrêter ou diriger
la volonté des hommes sans altérer sa nature.*

Thiers a *nationalisé* par ses écrits la Révolution française. Il était juste qu'il vécut assez longtemps pour en
sentir, en savourer, pour ainsi dire, toutes les conséquences et assister à sa fin après en avoir vulgarisé et
justifié les épouvantables commencements.

Déjà le pouvoir suprême qui lui fut confié en 1871,
par le pacte de Bordeaux, devait lui donner un avant-
goût des expiations réservées à sa vieillesse.

Trente années s'étaient écoulées depuis que son génie
éleva autour de Paris des fortifications fameuses ; elles
étaient destinées, dans ses plans politiques, à protéger
l'arbre de la liberté révolutionnaire greffé d'une branche
desséchée de la Monarchie.

Il eut le déboire de voir ces mêmes fortifications, sans
utilité pour l'objet de ses affections politiques, impuis-
santes à défendre Paris d'une invasion, ne servir de
rempart efficace qu'à la Révolution tournée contre son
autorité, contre lui-même et contre la France entière.

Une seconde expiation non moins douloureuse a été la destruction de son palais rempli des souvenirs révolutionnaires qu'il avait évoqués, caressés et fait revivre dans ses travaux d'historien et dans ses combinaisons d'homme d'Etat.

Cette destruction fut décrétée, dirigée et consommée par les sectaires formés à son école.

Pourquoi les yeux de Thiers ne se sont-ils pas ouverts alors sur ces conséquences des dogmes politiques qui sont sa religion ?

C'est qu'il en aurait trop coûté à son cœur de renier une révolution qui avait inspiré sa jeunesse, guidé sa plume, fait sa fortune et sa célébrité, et qu'il fit monter sur le trône de France avec la royauté de Juillet.

Sa vieille expérience économique et politique lui avait fait prévoir et annoncer, à la fin de l'Empire, les effroyables malheurs de la guerre de 1870. Ses prédictions se réalisèrent, et les honnêtes gens crurent naïvement qu'il était investi d'une mission providentielle de sauveur.

Il sembla un instant à tout le monde que, du rôle de Cassandre, il s'élèverait à celui de Monk.

On applaudit aux circonstances qui le portèrent au faîte du pouvoir, comme s'il avait été réellement destiné à replacer la nation française sous l'égide de la monarchie.

Hélas ! c'est ainsi que des illusions qui se transforment en espérances trompeuses, se font trop souvent les compagnes du malheur !

Mais elles se dissipent bientôt.

Si cette mission de sauveur était entrée dans les secrets desseins de la Divinité, une grâce toute particulière aurait aussitôt touché M. Thiers. Il se serait hâté de reconnaître et de confesser ses erreurs, qui sont devenues celles de la France entière, et de répudier les doctrines funestes qui lient cette nation meurtrie au pilori des révolutions.

Ses yeux, près de se fermer à jamais à la lumière du jour, se seraient rouverts, pour le temps qui lui restait encore à vivre, à la lumière de la foi catholique.

L'idée révolutionnaire, qui a occupé tout entière les facultés de sa vaste intelligence, aurait fait place à une idée religieuse et à des sentiments de repentir du mal qu'il a causé et du mal qu'il a laissé faire.

La Révolution avait sacrifié aux idoles qu'il lui éleva pendant la Restauration, sous le gouvernement de Juillet et pendant l'Empire, l'asile de sa vieillesse, ses richesses historiques et sa popularité dans les masses qui le portaient jadis en triomphe.

Il se serait élevé au-dessus de ces sacrifices, son nom se serait enveloppé de l'auréole de gloire qu'il chercha en vain dans les régions orageuses de la Révolution, s'il avait sacrifié son orgueil, ses combinaisons machiavéliques dévoilées et son fétichisme révolutionnaire, à la résurrection de la France de Clovis et de saint Louis.

La Providence aurait opéré le prodige de sa conversion pendant la lutte suprême du bon génie de la France, dont il était l'instrument aveugle, contre les hordes sauvages de la Commune.

On pouvait le désirer, on pouvait le souhaiter aussi ; car si les desseins de la Divinité nous étaient alors inconnus, elle nous avait laissé l'idée de sa miséricorde et de sa puissance qui sont infinies.

Mais la France monarchique rappelée au sentiment de l'existence et de ses glorieuses destinées, par l'étendue et la profondeur de ses maux, comprit que c'était d'un autre miracle qu'elle devait attendre le salut, la paix et la liberté.

Elle cessa d'écouter les trompettes de la république et du radicalisme, qui célébraient sans cesse dans un concert d'adulations et de louanges *la politique économique et gouvernementale transcendante de M. Thiers, son patriotisme et son dévouement sans bornes à la nation.*

Elle ne vit en réalité dans cet homme qu'un être qui se faisait illusion sur ses talents et sur son habileté, en se gonflant de la vanité d'un enfant et de son égoïsme de vieillard ; qui avait réussi à grouper autour de lui tous les partis en lutte, et qui les trompait tous en les ravalant au niveau de ses opinions personnelles, de son humeur orgueilleuse, de sa foi absolue en la Révolution ; qui encourageait secrètement le plus audacieux de ces partis à creuser un gouffre où, selon lui, tous les autres devaient sombrer avec la nation elle-même, si jamais il leur prenait la fantaisie de le renverser.

Son attitude n'était pas seulement celle d'un défi jeté chaque jour avec une audace inouïe au parti monarchique et catholique de la France, elle était encore un défi à la Divinité qui, dans les temps de révolutions, *sait étendre, restreindre, arrêter ou diriger* la volonté des êtres libres *sans altérer sa nature.*

Le 24 mai, un souffle de cette Divinité passa sur l'Assemblée de Versailles.

Ce jour-là, toutes les craintes et toutes les aspirations généreuses de la France, tous les projets, toutes les manœuvres coupables et toutes les espérances de la démagogie s'étaient groupées en se préparant à une lutte suprême.

Ce souffle paralysa par enchantement toutes les forces désordonnées du radicalisme sur lesquelles Thiers s'arc-bouta avec désespoir avant de tomber de son piédestal dans le ridicule.

Mais ce même souffle raviva toutes les forces de la Monarchie.

Depuis cet instant, la France a pu respirer et reprendre courage, car elle vit aussitôt se combler d'elles-mêmes les vieilles ornières de la Révolution.

C'est depuis le 24 Mai aussi que semblent se préparer et s'aplanir les voies par lesquelles la paix, la justice, la concorde, le confiance, la grandeur nationale, la véritable gloire et la véritable liberté, demandent à rentrer en France avec la Monarchie légitime, dont elles sont le cortége consolant.

COUP D'ŒIL SYNTHÉTIQUE

SUR

LA REVOLUTION FRANÇAISE

ILLUSIONS DÉMOCRATIQUES DES FRANÇAIS. — DÉCEPTIONS ET LEURS CONSÉQUENCES. — LA CIVILISATION FRANÇAISE AVANT 89. — LA RÉVOLUTION LA FAIT RÉTROGRADER VERS LA BARBARIE. — LA TERREUR. — PREMIERS CONTRE-COURANTS POPULAIRES DANS LE TORRENT DE LA RÉVOLUTION. — LA RÉPUBLIQUE ET LE 18 BRUMAIRE. — L'EMPIRE ET LA RESTAURATION.

I

On a exprimé souvent une vérité politique que l'on ne saurait trop répéter, car l'expérience l'a toujours confirmée :

C'est qu'une grande nation comme la France ne peut être que par erreur, par surprise et momentanément, soumise au régime démocratique.

Placée comme un régulateur providentiel au centre de l'Europe, cette nation a besoin, pour remplir la magnificence de ses destinées, d'un système de gouvernement et d'institutions plus solide que tous ceux qu'une république peut lui donner.

Les Français nourris dans l'habitude des libertés civiles les plus larges et les plus complètes, nées à l'ombre du trône de leurs anciens rois, où elles se sont développées à l'aise, ne sauraient se plier longtemps aux servitudes républicaines. S'ils ont pu désirer le régime démocratique pour être gouvernés, s'ils ont pu l'obtenir au prix des plus grands sacrifices, et s'ils ont consenti plusieurs fois à en faire l'essai, c'est que, dans la soif de liberté qui les dévore, ils se sont laissés persuader que la République portait dans ses flancs plus de liberté que la Monarchie.

Mais chaque fois que la déesse populaire s'est rendue aux vœux de ses adorateurs, c'est toujours la tyrannie, au lieu de la liberté, qu'ils ont trouvée dans ses bras.

Alors la haine n'a pas tardé à remplacer l'amour. Les Français honteux de s'être livrés aux embrassements de la République, l'ont chassée avec ignominie comme une femme impure.

Pour la troisième fois bientôt, ce spectacle curieux sera donné au monde.

Ce que nous voyons aujourd'hui déjà est le commencement de cette transformation en objet de haine et de répulsion, l'objet d'amour dont deux possessions en un demi-siècle avaient coûté des flots de sang au peuple français.

Il en a toujours été de même pour tous les gouvernements frelatés, issus, comme la République, des mouvements révolutionnaires qui se sont succédé depuis 89. Tous se sont basés sur le mécontentement du peuple comme un moyen de conquérir le pouvoir, et se sont ensuite appuyés sur ce pouvoir pour exercer la tyrannie sur le peuple.

Le peuple ! La liberté ! L'indépendance et la souveraineté du peuple ! Tels sont les mots favoris des sectes révolutionnaires, césariennes et anarchiques, qui se disputent depuis un siècle bientôt le pouvoir en France.

Pourquoi cette tendresse et cette sollicitude ?

C'est que, pour arriver au but d'une secrète ambition qui les dévore, les sectaires politiques de toutes nuances ont besoin des bras robustes du peuple.

S'ils exaltent jusqu'à l'héroïsme son courage, sa force et son patriotisme, ils trompent en même temps son ignorance et sa bonne foi. Ils caressent et adulent ses passions violentes pour le pousser en avant sur le terrain de leurs exploits, d'où ils s'écartent quand il devient le théâtre d'une lutte sanglante.

Combien de fois n'ont-ils pas déjà réussi et combien de fois ne réussiront-ils pas encore en promettant comme toujours au peuple, oublieux des tristes leçons du passé, tout le gain de la victoire ?

Pauvre peuple ! jusqu'à quand prêtera-t-il une oreille complaisante aux concerts de flatteries, de louanges, où son nom est chanté sur tous les tons, et tour à tour, par les sectaires républicains, démagogues et césariens qui aspirent au pouvoir ?

Qu'il se rappelle donc enfin une fois, pour ne jamais l'oublier, une des plus sévères leçons de l'histoire à cet égard : quand un des partis politiques qui le poussent triomphe et conquiert l'objet de ses convoitises, il se détourne de lui et le méprise.

Alors, le peuple rouvre les yeux ; mais c'est aussi alors que ses erreurs, ses emportements révolutionnaires et ses excès portent tous leurs fruits pour lui ; fruits amers qui ne sont ni la liberté, ni l'indépendance, ni la félicité, et encore moins la souveraineté promise.

Il peut lire avec terreur, sur les ruines amoncelées par ses mains devant lui, des lois d'impôts extraordinaires qui réclament impérieusement le prix de ses sueurs pour combler le vide opéré par la Révolution dans les caisses publiques.

Cruelle dérision ! il voit en même temps le budget de l'Etat se grossir des traitements énormes que s'adjugent les tribuns devenus ses maîtres, forgeant ainsi eux-mêmes, sans honte, de nouveaux et lourds anneaux à la chaîne qui le lie à la loi du travail.

N'est-ce pas là le résultat de toutes les émeutes, de toutes les insurrections révolutionnaires qui ont bouleversé la France autour du trône renversé de ses anciens rois ?

Il ne faut donc pas s'étonner si le peuple, trompé dans ses espérances, retourne si souvent contre ses anciens adulateurs les moyens violents qui servirent à leur frayer, à travers les rébellions et les émeutes, le chemin de la fortune et de la puissance. Ce n'est pas assez pour lui que de maudire l'œuvre de ses mains : il croit se venger en la brisant, et il la brise sans regret.

De combien de malheurs et de ruines les déplorables erreurs du peuple ne furent-elles pas la conséquence depuis l'époque où il se laissa entraîner à la poursuite de la liberté et du bonheur, sur l'océan orageux des opinions politiques ?

Quelles illusions peut-il encore conserver sur toutes ces formes de gouvernements républicains, césariens et anarchiques qui se disputent et usurpent tour à tour le pouvoir en France, en se basant sur les mêmes principes révolutionnaires de 89 ?

Ces questions se dressent, impérieuses et pressantes, sur les conséquences suprêmes du dogme révolutionnaire à notre époque.

C'est en s'inspirant de l'histoire et des faits qui portent avec eux des enseignements terribles, trop longtemps, méconnus, que l'on peut y répondre.

III

La Révolution française devait naturellement présenter dans son origine plusieurs rapports et plusieurs aspects sur sa nature, sur sa marche, sur ses effets et sur sa durée. On pouvait lui attribuer, au gré de ceux qui la poussaient de bonne foi en avant et de ceux qui opposaient de la résistance, des bienfaits ou des maux calculés sur mille chances, que le temps et l'expérience devaient seuls confirmer ou détruire.

Mais à l'époque où nous sommes arrivés, toute illusion et toute fausse lueur sur le véritable caractère de la Révolution se sont dissipées ; toute diversité de rapports et d'aspects primitifs s'est effacée.

Cette révolution, en se développant, n'a exercé ses forces que dans un sens invariable de violence, de destruction et de bouleversement.

Elle n'est donc plus susceptible d'être considérée que sous un point de vue, celui des maux qu'elle a causés dans le passé et le présent, et de la nécessité de s'en préserver de nouveaux pour l'avenir.

Elle a laissé derrière elle une route tellement tracée, des événements récents y ont chassé tant d'ombres en y répandant de si grandes clartés, que l'on peut embrasser d'un seul coup d'œil aujourd'hui le point de départ et le point d'arrivée, le principe et les moyens, le but et les conséquences.

Remontons d'abord aux années qui précédèrent cette époque terrible.

La civilisation française se montre à nos regards

appuyée sur les institutions du christianisme qui lui donnèrent le jour, et suivant une marche progressive et régulière. Les mœurs et les coutumes du peuple s'étaient adoucies à mesure que l'instruction publique, pénétrée de l'esprit des institutions chrétiennes, l'éclairait sur les devoirs, les droits, les besoins et les véritables destinées de l'homme.

En même temps, la législation se dépouillait de son caractère d'atrocité ainsi que des abus et des priviléges injustes, et souvent inhumains, qu'elle tenait encore du régime féodal.

Le gouvernement avait peu à peu déposé l'âpreté et la rudesse des anciennes coutumes gauloises. Ce qu'il en restait cédait à l'influence des doctrines religieuses, dont les institutions monarchiques étaient imprégnées.

Si le peuple sentait le poids du gouvernement par l'impôt, il sentait aussi la sûreté de ses biens, et il savait que l'une était le prix de l'autre. En comparant les redevances que chaque individu paie de nos jours à l'Etat à celles de l'autre temps, qui pourrait nier que celles-ci étaient bien peu de chose dans les charges de la propriété et de l'exercice d'une industrie ?

La révolution du protestantisme au XVI⁰ siècle attribuait aux princes de la terre le pouvoir des consciences et changeait en tyrans ceux qui, comme Henri VIII, pactisèrent avec l'erreur. Mais en France, le catholicisme avait conservé son empire sur le trône.

Cette religion pouvait donc encore tempérer l'absolutisme de la souveraineté humaine. On aurait encore pu la voir se dressant, comme un frein salutaire ou comme une menace terrible, devant un roi emporté par les passions hors des voies de la morale, de la justice et de l'équité.

Elle lui rappelait que les rois sont moins les maîtres que les défenseurs des peuples, et elle pouvait lui dire :

« Sire, vous avez à remplir des obligations redoutables ; les peuples que vous avez mission de conduire entendent que vous leur soyez dévoué et que vous leur procuriez, autant qu'il dépendra de vous la liberté, la prospérité, la justice et, partant, le bonheur. »

Les conciles et les docteurs de l'Eglise à qui l'on ne cesse de reprocher d'avoir été en tous temps l'ennemie du peuple français, comme de tous les autres peuples catholiques de l'Europe, n'ont jamais pensé autrement. Tous sont d'accord avec Grégoire-le-Grand, quand il disait d'un roi « qu'il est ainsi nommé à cause de la *rectitude* de sa conduite (*rex a recte agendo*). S'il gouverne avec piété, avec justice, avec miséricorde, il mérite d'être appelé roi ; s'il manque à ces devoirs, ce n'est plus un roi, mais un tyran. »

Si des régions du pouvoir nous descendons dans l'ordre matériel des choses, la France, avant la Révolution, ne nous apparaîtra pas moins progressive et conservatrice de tous les éléments de la civilisation.

L'homme, comme individu, développait de plus en plus avec succès un de ses plus nobles attributs : la perfectibilité par la recherche du perfectionnement dans toutes les choses qui tiennent aux conditions de l'existence et du bien-être. Les signes métalliques circulaient avec une abondance et une activité toujours croissantes, et le commerce s'enrichissait de productions nouvelles et de moyens de communication facilités avec toutes les parties du monde. Le peuple était généralement mieux logé, mieux vêtu, mieux nourri que dans d'autres temps peu éloignés. S'il travaillait mieux, c'était depuis que la monarchie avait reversé sur lui le droit de posséder, d'acquérir et de transmettre les biens qui composaient jadis les domaines féodaux aliénés par leurs nobles possesseurs.

Enfin, si l'accroissement de la population, si l'embellissement des villes avec le développement des travaux publics, si la multiplicité et le choix des jouissances de la vie sont, comme on dit, des signes certains de prospérité pour une nation, on ne peut se refuser à reconnaître que la France avant 1789 était dans un état de prospérité progressive assurée.

Rien n'était parfait sans doute, mais tout tendait à suivre les voies de la perfectibilité que Dieu a tracées à l'homme pour lui permettre de se rapprocher par degrés de lui.

C'est de ces voies, si glorieuses pour l'homme, que les sophistes du xviiie siècle commencèrent à écarter la France en lui faisant repousser les principes religieux, bases de sa constitution. En même temps, une littérature immonde inoculait aux classes élevées de la nation le venin de la corruption sociale qui devait gagner peu à peu les classes inférieures.

Les théories impies professées par Voltaire, d'Alembert, Diderot et leurs disciples, avaient déjà appris aux savants, aux lettrés de la France, à confondre toutes les notions du juste et de l'injuste, de la vérité et du mensonge, de la liberté et de l'esclavage.

La Révolution de 89 hérita de ces théories et elle les vulgarisa pour les enseigner au peuple.

Elle fit entendre à ce peuple que le couronnement de son émancipation civile ne devait et ne pouvait s'accomplir qu'en proclamant l'émancipation politique de la nation par la révolte contre l'autorité des lois et ensuite contre l'autorité monarchique elle-même.

C'était la théorie appelée : *Manière de précipiter la marche de la civilisation.*

Cette marche, de lente qu'elle était peut-être, mais mesurée, progressive, sage et assurée, devint impétueuse et désordonnée, en sens contraire, sur la pente qu'elle avait mis douze siècles à gravir.

La civilisation se détachant alors de ses deux grands appuis : la Religion et la Monarchie, redescendit jusqu'au règne de la barbarie.

IV

La Révolution, pour séduire et tromper la Royauté, se montra pacifique et enthousiaste à son début; ce n'était pas encore la véritable révolution. Elle obtint de Louis XVI, roi honnête et trop confiant, une constitution, qui n'était qu'une sorte d'engagement synallagmatique entre le pouvoir souverain et le peuple.

Ce pacte ouvrit l'ère des révolutions en France.

Dès cet instant, les sources où la Monarchie puisait sa vie et sa force, semblèrent peu à peu se tarir. « Son pouvoir ne descendait plus d'en Haut, il montait de la terre. » Impuissante à se soutenir sur les étais chimériques d'une souveraineté appelée *nationale*, elle se traînait servilement aux pieds du dieu des émeutes et de la rébellion, qui avait désormais un autel dressé en face du trône.

Bientôt une discorde latente régna dans tous les esprits. Pour se manifester ouvertement, il suffisait du moindre contact entre le principe monarchique affaibli et l'intérêt de la nation que le nouveau contrat social avait séparés, pour les laisser s'agiter dans deux sphères distinctes et opposées.

La partie contractante la mieux favorisée du pacte social de 89, composée des classes populaires, se disait sans cesse lésée. Ses organes dans la presse, dans les assemblées, dans les comités, dans les clubs, traduisaient ses clameurs par des théories séditieuses, concluant à de nouvelles réformes législatives et à de plus larges libertés.

Les prérogatives suprêmes, que les Etats généraux avaient garanties à la Royauté, portaient ombrage à la Révolution, et elle commençait ainsi à les lui disputer une à une pour arriver bientôt à les lui arracher lambeau par lambeau.

De là les contestations entre la Monarchie expirante et la souveraineté populaire enivrée de ses premiers triomphes, qui furent enfin portées au tribunal de la force brutale sur les barricades.

Dans les débats, il y eut des alternatives de succès de la Monarchie sur la Révolution et de la Révolution sur la Monarchie. Les sentences et les jugements se rendirent au bruit de la fusillade et du canon dans les rues de la capitale.

Enfin, un arrêt en dernier ressort sanctionna les revendications de la rébellion et de l'émeute. Il fut rendu au nom d'un droit sacrilége et meurtrier, inconnu jusqu'alors en France, par la Révolution triomphante, au bruit de la hache du bourreau et de l'écroulement effroyable du trône de Clovis et de saint Louis.

On a dit que Louis XVI, ce modèle des rois bons et vertueux, a été la victime expiatoire des crimes de la France révolutionnaire. C'est une erreur ; car le sacrifice de sa couronne et son martyre ne profitèrent pas au peuple égaré. Il fut la victime de son amour pour lui et de l'aveugle confiance de cet amour dans les théories d'un ordre social qui voulait les ruines du trône et de l'autel pour base.

V

Jetons maintenant un coup d'œil sur les événements qui semblèrent des effets d'une contre-révolution toute-puissante et qui ne furent en réalité que des contre-courants populaires dans le torrent même de la Révolution française.

Le 18 Brumaire commence cette série de revirements qui étonneront la postérité.

Rappelons-nous la fuite des fougueux députés du conseil des Cinq-Cents par les fenêtres de l'Orangerie de Saint-Cloud. Qu'a-t-il fallu pour opérer ce prodige de ridicule, à la suite de déclamations brûlantes en l'honneur de l'idole républicaine de 93?

Une poignée de grenadiers, conduits par Bonaparte armé d'une cravache.

La République suivit la même voie, couverte du même ridicule que Cabanis, Boulay de la Meurthe, Chazal, Gaudin et leurs adhérents.

Si le peuple français applaudit au coup d'Etat, en poussant un immense soupir de soulagement, c'est que cette république avait trompé ses espérances. La liberté qu'elle lui avait promise avait été étouffée dans le sang le plus pur de la nation, auquel s'était mêlé le sang du meilleur des rois.

Cette bacchante ivre de carnage lui faisait horreur.

La dictature de Bonaparte sut faire briller aux yeux de la France un espoir de salut et de tranquillité. On l'acclama avec frénésie, et on donna chaque jour à son pouvoir des prérogatives nouvelles qui l'élevèrent jusqu'au trône.

Le dictateur devint ainsi empereur. Il renia la Révolution, dont le nom seul était alors un épouvantail pour le pays. Tout en lui vouant un culte secret, il promit aux Français la gloire et la liberté qu'ils avaient en vain cherchées au pied des échafauds de la Terreur.

Mais dès que Napoléon se vit le maître, il jeta le masque, et il dit : JE SUIS LA RÉVOLUTION.

Bientôt il ne connut plus ni frein ni mesure dans l'exercice du pouvoir souverain extorqué par la duplicité de ses coups d'Etat. On ne distinguait en France que deux catégories d'hommes : ceux qui se courbaient sous l'oppression et ceux qui se vendaient à elle, pour lui servir d'espions et de bourreaux dans les fonctions lucratives et sous des titres honorifiques.

Non content de tenir sous le joug toutes les classes de la société, Napoléon voulut asservir tous les âges. Il s'empara de l'instruction publique et organisa militairement les écoles où, contre le vœu des parents, les jeunes gens n'étaient plus formés qu'au métier des armes.

Il fit de la guerre l'état fixe de son empire, et pendant quinze ans la conscription décima régulièrement la jeunesse française.

Tranquille au milieu du carnage, Bonaparte voyait de sang froid couler les torrents de sang que ses victoires et ses conquêtes coûtaient à la France.

Les lettres avilies étaient aux ordres du despote pour proclamer les mensonges utiles à ses projets, chanter dans les journaux, les livres et les poèmes, sa gloire et celle de ses complices.

Pendant ce temps, la nation épuisée par la perte du plus pur de son sang, versé par trois millions cinq cent mille Français, voyait avec une terreur secrète toutes ses libertés expirantes enchaînées au char de triomphe du César moderne.

Mais le moment vint où le conquérant, portant une main sacrilége sur Pie VII, trompé et trahi, fut touché par le doigt de Dieu. Dès cet instant, son étoile pâlit, et bientôt son épée, qui avait fait incliner tous les sceptres de l'Europe, tomba brisée à ses pieds.

Si la France ne daigna pas même se baisser pour relever de terre cette épée si puissante, c'est qu'elle voyait ses libertés civiles, politiques et religieuses, confisquées par l'Empire, rompre leurs liens et reprendre un essor vers elle.

VI

La Restauration se présenta à la France la bouche souriante, pleine de promesses.

Le peuple salua avec enthousiàsme en elle le retour des Bourbons et leur drapeau, qui représentaient le principe monarchique héréditaire et la véritable gloire française.

Malheureusement, la Restauration, trop confiante, se donna pour cortége des hommes d'Etat et des conseillers corrompus qui avaient successivement renié la République, trahi l'Empire, pour exploiter chaque fois une position nouvelle.

Ces hommes poussèrent la Royauté dans les ornières du despotisme administratif que la Révolution et Bonaparte avaient creusées devant elle. En même temps, « le venin libéral et gallican », inoculé à une charte empruntée aux institutions de la protestante Angleterre, se répandait dans l'ensemble des lois nouvelles de la France, en leur imprimant le caractère d'athéisme qu'elles ont conservé depuis lors.

Les Français attendirent pendant quinze ans la réalisation des promesses destinées à relier le passé et le présent de la Monarchie par les liens de la confiance, de la réparation et de l'amour.

Attente vaine! La Restauration s'était laissé soustraire toute sa puissance et toutes les libertés promises par les survivants de la République et de l'Empire, unis par un pacte perfide dans les sociétés secrètes qui se formèrent alors en France,

Le peuple voyant l'impuissance du gouvernement monarchique, au milieu du réseau d'entraves et de piéges qui l'enveloppait, se détourna de lui. Il n'écouta plus que les chefs du carbonarisme et de la franc-maçonnerie, jouant le rôle de tribuns dans les assemblées délibérantes, dans la presse quotidienne et dans les livres. Ce sont eux qui lui donnèrent, au profit des théories révolutionnaires, redevenues de son goût, le change sur son abaissement et sa privation de liberté, tant ils déployèrent de fourberie à en dérober les véritables causes à ses yeux.

Ces manœuvres devaient avoir pour résultat la révolution de 1830.

Le peuple de Paris, destiné à jouer le premier rôle, s'était complétement laissé bander les yeux. Il commença à accuser la royauté d'incurie et de mauvais vouloir. Ensuite, il parodia pendant trois jours les scènes de la première révolution, et avec plus de mépris que de colère, il montra la route de l'exil à Charles X.

MÉTAMORPHOSES
RÉVOLUTIONNAIRES

DE 1830 A 1870

LA ROYAUTÉ DE JUILLET ET LA BOURGEOISIE. — ENGENDREMENT
DU SOCIALISME. — LA FRANCE AUX APPROCHES DE 1848. —
RÉVOLUTION DE FÉVRIER. — DUALISME DE LA RÉPUBLIQUE. —
JOURNÉES DE JUIN. — POLITIQUE INTÉRIEURE DU SECOND EMPIRE.
— LE 4 SEPTEMBRE ET LA COMMUNE. — DERNIÈRES CONSÉ-
QUENCES DU DOGME RÉVOLUTIONNAIRE.

I

A la chute de Charles X, une famille de princes que
le souvenir du procès et de la mort de Louis XVI con-
damnait au silence et à une obscurité expiatoire *pendant
quatre générations*, mêla sa voix à celle du peuple pour
demander la liberté.

La liberté sinistre de 93 seule pouvait répondre à cet
appel.

Elle reparut enveloppée du drapeau qui lui servit de
suaire en 1815, et se fit la compagne d'une royauté née
comme elle au milieu des barricades.

Alors commença le règne d'une union de tous les
despotismes sous les noms de *parlementarisme*, de *politique du juste milieu* et de *principes de non-intervention*.

Un monarque d'aventure se parait du titre de *bourgeois*
pour se faire pardonner celui de Majesté, dont le sym-

bole pesait sur son front de tout le poids du remords.

Au lieu d'être «le roi des Français» ainsi qu'il le fut proclamé, il ne voulut être que le roi d'un parti composé des classes intermédiaires de l'aristocratie et du peuple ; parce que, à ses yeux, les grandes fortunes de la France à la tête desquelles se trouvait ce parti, tenaient avantageusement lieu de quartiers de noblesse, de traditions de famille glorieuses et de distinctions de manières.

C'est ainsi qu'une aristocratie nouvelle, celle du capital et du revenu, brilla à la place de l'ancienne dans ses riches domaines spoliés par la Révolution.

Elle s'installa dans les antiques manoirs, témoins des hauts faits et des poétiques aventures de la chevalerie française, et y parodia sans sourciller les mœurs et les coutumes somptuaires.

Elle adopta tous les vices de l'ancien régime sans en imiter les vertus, et elle renia sans pitié le peuple d'où elle était sortie, oubliant qu'elle avait jadis partagé avec lui la misère et les joies de l'existence, les souffrances et les consolations sublimes de la loi du travail.

Enrichissez-vous ! L'honneur c'est l'argent ! Le bien-être et le luxe sont la gloire ! Ces cris remplacèrent dans les nouveaux fastes de la nation française, *Montjoie et saint Denis ! — Mon Dieu, mon Roi et ma dame! — Dieu et Patrie!* — et d'autres cris, non moins antiques, dont le retentissement avait porté jusqu'aux extrémités du monde le nom glorieux de ROYAUME DE FRANCE !

Mais le peuple continuait à souffrir sous la main égoïste des seigneurs de la finance, dont l'orgueilleuse fierté était de cent coudées au-dessus de celle que l'on avait reprochée à la noblesse de l'ancien régime.

Les opérations de l'agiotage, les associations dans les

vastes entreprises du négoce et de l'industrie, attiraient à elles tout le numéraire en circulation par l'appât d'intérêts fabuleux et de gains trop souvent peu honnêtes.

Le peuple se trouvait ainsi privé des ressources nécessaires à toutes les initiatives individuelles laborieuses dans les arts, dans les métiers et dans l'agriculture. Sa condition le faisait ressembler à Ixion attaché à une roue qui use ses forces, en tournant, sans avancer d'un pas.

Aussi voyait-il, dans la puissance de l'agiotage et dans les associations industrielles de capitaux, des remparts qu'il ne pouvait franchir pour arriver à la fortune. C'étaient encore pour lui des lignes de démarcation humiliante entre sa condition et celle de la bourgeoisie, sa sœur ingrate et hautaine, dont il enviait les jouissances, le luxe et la considération sociale.

II

Peu à peu, le peuple se replia sur lui-même pour se nourrir en secret des mêmes passions politiques coupables qui avaient fait table rase du premier Empire et de la Restauration.

Le Socialisme prit alors naissance à ses côtés ; c'est là que cette nouvelle forme de la Révolution grandit sous la tutelle de Saint-Simon, de Fourier, de Proudhon et de Cabet.

A la puissance du capital, le Socialisme opposa bientôt la puissance de toutes les misères, de toutes les convoitises, de toutes les difformités sociales.

Toutes les incapacités ambitieuses de l'époque se placèrent à leur tête et les organisèrent en bataillons serrés.

Du milieu de ces rangs formés au nom de la *liberté*, de l'*égalité,* de la *fraternité*, et commandés par le vice et le crime, s'élevaient des provocations et des menaces redoutables contre les riches.

La bourgeoisie, accroupie sur ses trésors, commença à trembler.

La Révolution, à qui elle devait son opulence et tout son lustre depuis 1830, se métamorphosait pour se tourner contre elle.

De tous côtés se faisait déjà entendre l'appel du Socialisme aux classes populaires et ouvrières des villes et aux populations rurales.

Il leur disait :

« Aidez-moi à dépouiller cette avare et dédaigneuse
« bourgeoisie, qui fait de ses richesses un marchepied
« pour arriver au pouvoir qui vous écrase.

« Aidez-moi à détruire ces manufactures et ces usines
« florissantes, où des capitalistes avides privent l'agri-
« culture des capitaux qui vont s'engouffrer dans de
« vastes entreprises productives d'intérêts à des taux que
« jamais ils ne pourraient atteindre dans vos mains.

« Aidez-moi à diviser à votre profit ces grandes pro-
« priétés foncières où un seul homme vit de vos sueurs,
« en exploitant votre misère, et qui vous tient dans une
« servitude plus lourde et plus humiliante que celle de
« vos pères sous la féodalité. »

Tous ces appels à la haine, à la destruction et aux plus criminelles convoitises, résonnaient avec une sauvage harmonie à l'oreille du peuple. Ils se légitimèrent bientôt pour lui aux approches de 1848, par la cherté des vivres, le chômage de l'industrie et des fabriques, l'absence de confiance et de crédit, et les sourdes inquiétudes dans le monde des affaires.

Les mauvaises récoltes de l'année 1847 et les entraves imposées à l'importation des grains par l'échelle mobile, contribuèrent à augmenter encore les souffrances et le mécontentement du peuple. Des bandes d'affamés parcouraient les campagnes du centre de la France, se livrant au pillage et au vol, incendiant les riches fermes et taxant à leur gré sur les marchés le prix des céréales. Des troubles éclatèrent en même temps dans un grand nombre de villes manufacturières en état permanent de grève et d'agitation.

La justice vengea sur divers points les propriétés dévastées, la liberté de l'industrie violée et l'ordre troublé ; mais elle ne donna pas de pain aux malheureux.

Les utopistes continuaient d'ailleurs à se faire de la misère publique une auxiliaire puissante. C'est alors que les odieuses prédications des Cabet, des Barbès, des Ledru-Rollin, des Louis Blanc et de tant d'autres sectaires politiques, engendrèrent des haines terribles contre les propriétaires, les gros industriels et les capitalistes.

Des théories économiques et sociales insensées étaient sans cesse à l'ordre du jour dans les journaux démagogiques et dans les clubs d'ouvriers de la capitale.

Il n'était question que de l'égalité de tous les hommes devant le droit au travail, et de leur égalité aussi devant le droit aux salaires ; de l'organisation des ateliers par le dévouement réciproque, des bienfaits de l'association sans capitaux et de l'Etat devenu le banquier de tout le monde.

C'est de ces chimères que devait naître en 1848 la fameuse institution des Ateliers Nationaux, qui ne fut qu'un prétexte au payement d'un salaire à la paresse, au vagabondage et aux vices, enrôlés sous le drapeau du communisme.

Le peuple de Paris poussa, le 24 février, un premier cri de guerre qui fit fuir vers l'exil la monarchie de Juillet. Enivré de cette victoire facile, et perdant la tête, il chercha dans l'émeute les bases d'une nouvelle souveraineté.

Deux républiques, au lieu d'une, se dressèrent devant lui : l'une, République dite « modérée », était présentée par Lamartine, Arago, Marie, Garnier-Pagès et Dupont (de l'Eure) ; l'autre, République socialiste et communiste était offerte par Barbès, Louis Blanc, Flocon et tous les chefs de clubs démagogiques de Paris.

La partie la plus honnête et la plus intelligente du peuple se jeta dans les bras de la première, tandis que l'autre partie, composée d'ouvriers vauriens et paresseux et de tous les gens ignobles qui grouillent dans les bas-fonds du vice et du crime, acclamait la seconde.

Telle fut la dualité politique sous laquelle, après la révolution de Février, se débattit la France.

III

La lutte terrible que les républicains modérés et communistes se livrèrent aux journées de Juin, pour s'entre-détruire, faillit étouffer la civilisation française dans des flots de sang.

Au milieu des scènes de carnage et de destruction dont Paris fut le théâtre, la France altérée vit à quel degré d'audace et de puissance était arrivé le Socialisme.

Ce monstre politique qu'elle avait vu se nourrir, se développer et grandir librement dans ses bras, proclamait sa majorité sur les barricades couvertes de cadavres.

Il révélait ce qu'il devait être désormais.

Arborant son affreux drapeau rouge sur lequel était écrit le mot COMMUNISME, il montrait, avec une attitude de sauvage triomphe, Mgr Affre et les généraux Bréa et Négrier lâchement assassinés à ses pieds.

Ces glorieuses victimes de la guerre civile étaient pour lui comme un premier gage de victoire sur la religion et l'armée qui, à ce moment, servaient encore de palladium à la civilisation française.

Un suprême effort de l'armée venant en aide à l'ordre social ébranlé, en même temps qu'à la république modérée, dégagea à moitié la France en péril. Le Socialisme fut vaincu et désarmé, mais non anéanti ; il rentra dans les ténèbres des sociétés secrètes pour y conspirer, y dresser de nouveaux plans et y forger des armes.

Un nouveau Brumaire, le 2 Décembre, acheva de réduire les partis républicains et démagogiques à l'impuissance.

Un besoin de paix et de tranquillité fit acclamer au pays, bouleversé par les guerres intestines, une seconde dictature des Bonaparte.

Cette dictature se présentait à la France, comme la première, avec des simulacres de liberté, de confiance publique, de grandeur et de gloire nationale. Elle n'était que les prémisses d'un autre empire non moins autoritaire, non moins despotique que celui de Napoléon Ier.

Il se fit au moyen d'un parjure à l'Assemblée nationale et d'un mensonge à Bordeaux, quand le dictateur dit dans un discours fameux : *L'empire, c'est la paix !*

Une diplomatie louche, comme tous les actes politiques de Napoléon III, d'incessants mensonges à la nation, une dilapidation effrénée des fonds de l'Etat dans toutes sortes d'entreprises et d'aventures, un pacte sacrilége avec l'Italie, à l'égard de Rome et de Pie IX, et enfin des projets insensés de conquête sur le Rhin, entraînèrent sa chute.

Les souvenirs que le second Empire a laissés à la France sont encore présents à l'esprit de tout le monde. Il serait superflu de s'y arrêter longtemps ici.

Qu'il nous suffise de dire un mot sur le spectacle singulier de politique intérieure qui fut donné au monde pendant dix-huit ans.

Ainsi, qu'on se rappelle les manifestes, les décrets, les préambules de lois et de règlements, les rapports ministériels, les actes administratifs et judiciaires et les proclamations pompeuses qui composent les documents historiques de cette période.

Partout ce sont des invocations aux principes éternels de la religion, de la morale, de la justice et de l'équité. La liberté semble s'y refléter et y respirer à l'aise.

Mensonges et illusions qui trompèrent trop longtemps le pays ! La religion, la morale, la justice et l'équité étaient sans cesse violées par les créatures du pouvoir qui s'était investi de la mission de les défendre.

Les libertés civiles, politiques et religieuses, si chères à la France, parce qu'elle leur doit son unité, sa force et son intelligence, n'existaient plus que de nom pour elle. Le régime impérial avait laissé subsister pour toute liberté le fameux suffrage universel.

Mais ce n'était qu'une sorte d'os républicain que le peuple rongeait avec frénésie.

La poussière enivrante de liberté politique dont on le saupoudrait, pour ainsi dire, avant chaque élection, semblait répondre à tous ses besoins et à toutes ses aspirations.

Si J.-J. Rousseau, ce philosophe précurseur des principes de la démocratie moderne, était revenu dans ce monde, n'aurait-il pas eu raison de juger la liberté du suffrage universel en France aussi sévèrement qu'il jugea la liberté électorale des Anglais ?

« Le peuple français, aurait-il dit, pense être libre ; il se trompe ; il ne l'est que durant l'élection des membres de ses assemblées délibérantes. Sitôt qu'ils sont élus, il est esclave ; il n'est rien. Dans les courts moments de sa liberté, l'usage qu'il en fait mérite bien qu'il le perde. »

IV

Si les dix-huit années du second empire furent stériles pour la liberté, elles ne le furent pas pour la Révolution.

Elle seule profita de toutes les fautes et de toutes les illusions de Napoléon III, des fourberies de ses hommes d'Etat, de la corruption et de l'avidité de ses créatures, des lois promulguées pendant son règne sur les classes ouvrières affranchies de l'obligation du livret, de la faiblesse et de la duplicité de son gouvernement dans les grèves et à l'égard des sociétés secrètes, et enfin de ses combinaisons de politique étrangère insensées.

On connaît les catastrophes que cette période accumula à l'horizon politique de la France et que la guerre follement déclarée à la Prusse, en 1870, fit fondre sur elle comme un ouragan terrible.

Tandis que les débris de notre vaillante armée, accablés sur la Loire et dans l'Est, par des forces allemandes dix fois supérieures, luttaient encore avec le courage du désespoir pour l'honneur du nom français, ce nom était traîné sur d'autres points du pays dans la boue et le sang de la guerre civile.

Le Socialisme, avec son drapeau couleur de sang et symbole de l'assassinat, de l'incendie, du pillage et de tous les crimes, se dressait de nouveau sur les barricades, dans les rues de Paris et de plusieurs autres grandes cités sans défense. Partout ce monstre, enfant chéri de la Révolution et du régime de Juillet, adopté sous le nom d'Internationale, par tous les démagogues de l'Europe, reparaissait plus puissant, plus audacieux qu'aux journées de Juin.

C'est qu'après avoir profité des faiblesses du gouvernement pour lui et de l'épuisement moral de la France, il profitait bien plus encore des désastreuses défaites de cette nation sur les champs de bataille.

A son appel tous les aventuriers, tous les bandits que les nations rejettent de leur sein, accoururent de tous côtés pour grossir ses hordes armées à Paris, à Marseille, à Lyon, à Saint-Etienne.

Alors cette fédération de tous les crimes, de toutes les infirmités morales du monde, poussa un cri de vengeance terrible contre les lois qui avaient repoussé ses membres du cercle honorable de la vie civile. Les vagabonds, les repris de justice, les voleurs et les assassins de la capitale crurent se réhabiliter et se faire une virginité nouvelle en incendiant et en détruisant les archives de la police et de la justice, où leurs noms étaient écrits en regard de notes infamantes.

C'était le commencement de la Commune à Paris.

La France put bientôt mesurer à l'étendue des forfaits inouïs du socialisme, l'espace qu'elle avait parcouru, depuis 1830, dans les voies de la démoralisation et du désordre.

Les légions allemandes victorieuses avaient encore un pied sur le sein de leur victime ; leurs canons, à peine refroidis, semblaient reprendre haleine pour continuer, à la moindre résistance, l'œuvre de destruction ; elles venaient de traverser en triomphe la capitale humiliée ; nos héroïques soldats, prisonniers ou dispersés, gémissaient sur le sort de leur infortunée patrie, livrée à l'anarchie, qu'ils ne pouvaient plus ni défendre ni venger ; jamais abaissement physique et moral de la France n'avait été plus grand dans les plus douloureuses crises de son existence.

Cependant la mesure des calamités que l'Empire avait accumulées autour d'elle était loin d'être comblée.

Au moment même où la Prusse proclamait à la face de l'Europe ses hideuses victoires, les socialistes de l'Internationale, de leur côté, se préparaient à proclamer le triomphe de leurs doctrines sur la civilisation chrétienne en France. Ce triomphe aurait marqué pour l'Europe entière le commencement de la plus épouvantable barbarie.

Les grands prêtres de l'Internationale semblèrent vouloir par des sacrifices humains se rendre favorable le dieu sanguinaire des révolutions sociales. Ils lui offrirent en holocauste, sur les autels de la République, deux nouveaux généraux fusillés, un nouvel archevêque de Paris martyrisé, des hécatombes de prêtres, de religieux, de soldats et d'honnêtes citoyens inoffensifs, impitoyablement massacrés aux cris de *Vive la liberté ! Vive la fraternité ! Vive la Commune ! Vive la République !*

V

Toutes ces horreurs étaient-elles nécessaires au peuple français pour lui faire sentir tout le poids ignominieux du joug révolutionnaire, qui lui courbait depuis si longtemps la tête?

N'était-ce pas assez du second Empire, étayé sur les principes de 89, qui écrasa la nation en s'écroulant sur elle, et de la dictature tyrannique des hommes du 4 Septembre, se disputant et s'adjugeant les lambeaux d'un pouvoir traîné dans la boue et le sang.

Non ! parce que plus le mal est profond et invétéré, plus doit être vif le feu qui doit le cautériser.

Il fallait les flots incandescents du pétrole que les sicaires de la Commune répandirent sur les plus superbes monuments et sur les somptueux palais de la capitale.

Il fallait les lueurs effroyables de ce vaste incendie pour éclairer les dernières conséquences politiques du dogme révolutionnaire.

Il fallait enfin montrer que ce dogme impuissant pour la liberté, est tout-puissant pour la ruine et la mort.

Quelle épreuve plus concluante que celle de la Commune, la France attendrait-elle encore pour la dégoûter de ce dogme funeste ?

Si cette épreuve était jamais tentée, ce ne serait plus les flammes du pétrole dévorant de fond en comble Paris qui suffiraient pour en éclairer les conséquences suprêmes, il faudrait un incendie allumé aux quatre coins de la France, livrée aux nouvelles et hideuses *couches sociales* préconisées par Gambetta, Gaillard et Vermesch.

Dieu veuille que cette épouvantable vision ne devienne jamais une réalité !

PRÉMISSES

D'UNE

ÈRE MONARCHIQUE

NOUVELLE

I

Essayons maintenant de faire briller, à côté des lugubres tableaux que nous venons de tracer, les rayons d'espoir qui sont venus réjouir la France après des orages terribles.

Cette tâche nous sera rendue facile en nous inspirant de nouveau d'une des théories du comte de Maistre.

Aucune ombre n'a pu encore obscurcir ces théories formulées, vers la fin du siècle dernier, à l'égard de la Révolution française, en y faisant voir et sentir l'action de la Divinité et en y découvrant le véritable rôle de l'homme qui n'y entre que comme instrument.

Mais si les considérations de l'illustre écrivain sont remplies d'arguments qui frappent l'âme d'épouvante, elles contiennent aussi des conclusions qui soulagent et consolent.

Ainsi, après avoir démontré que c'est la Divinité qui laisse éclater les révolutions comme des arrêts terribles de sa justice contre une nation égarée et coupable, sa pensée s'élève encore vers la Divinité qui enchaîne ces révolutions en frappant d'impuissance ou de mort ceux qui croient les conduire et les dominer.

C'est alors qu'il voit les trônes renversés se relever au milieu des nations qui respirent et se régénèrent ; les peuples châtiés et repentants se replacer d'eux-mêmes sous l'égide des Monarchies chrétiennes, égide glorieuse que les ombres révolutionnaires du mensonge, de l'incrédulité et du matérialisme ont, pendant longtemps, voilée à leurs regards.

« Il est une loi divine, dit le comte de Maistre, aussi certaine, aussi palpable que les lois du mouvement.

« Toutes les fois qu'un homme se met, suivant ses forces, en rapport avec le Créateur et qu'il produit une institution quelconque au nom de la Divinité, quelle que soit d'ailleurs sa faiblesse individuelle, son ignorance et sa pauvreté, l'obscurité de sa naissance, en un mot, son dénûment absolu de tous les moyens humains, il participe en quelque manière à la toute-puissance dont il s'est fait l'instrument ; il produit des œuvres dont la force et la durée étonnent la raison » (1).

Ce prodigieux phénomène que l'illustre écrivain voyait se produire par une intelligence isolée s'élevant jusqu'au Créateur, pour y puiser les lumières et la force qui lui manquent, semble devoir s'opérer sous nos yeux sur une plus vaste échelle.

Au lieu d'un homme, c'est une nation tout entière, épuisée et meurtrie, trompée par tous les moyens hu-

____

(1) *Considérations sur la France*, chap. V, p. 72.

mains qu'elle aura employés, que nous verrons ainsi participer à la toute-puissance de la Divinité comme un instrument réparateur. C'est alors qu'elle produira ces œuvres dont *la force et la durée*, au milieu de tant de causes appliquées à les détruire, *étonnent la raison*.

De récentes et épouvantables calamités, en venant fondre sur la France, rouvrirent toutes les plaies mal fermées du passé.

Ces calamités et ces plaies ont la même origine, et tout a été impuissant pour conjurer les unes et cicatriser les autres.

Cependant un remède inconnu à la nation française, ou plutôt un remède qu'elle méprisait parce qu'elle n'était pas digne encore de le connaître, existait ; il suffisait d'y croire pour le découvrir.

C'est ainsi qu'il commença, en effet, à se révéler de nos jours à la France ; car ce fut au moment même où, pour le chercher, elle raviva du souffle de la prière la flamme expirante de sa foi catholique.

Ce remède se trouvait dans les mains de la Religion, qui le lui présentait en souriant.

Alors les yeux de la France, commençant à se rouvrir, se tournèrent presque aussitôt vers la place déserte et silencieuse où, pendant tant de siècles, s'éleva rayonnant de gloire le trône de ses anciens rois.

Elle se souvint que la Monarchie de Clovis, de saint Louis et de Louis XIV seule avait pu, dans ce long passé, imprimer sur son front le sceau de l'unité, de la puissance et de la grandeur nationale.

Elle comprit alors que cette Monarchie pouvait encore lui rendre les forces de son patriotisme épuisées et ses libertés civiles si précieuses perdues dans des essais insensés de république et de démocratie ; c'est avec confiance qu'elle tendit des bras suppliants vers elle.

II

Aujourd'hui, la France n'a plus le choix des moyens pour se relever de l'abaissement extrême où elle est tombée de secousses en secousses de plus en plus en plus rapprochées depuis 89. Il n'en existe qu'un seul efficace ; tous les autres dont elle a usés et abusés et qui ont eu pour elle de si terribles conséquences, consommeraient maintenant sa ruine.

On a dit que ce moyen, s'il réussissait, serait un miracle, et cela a fait rire de pitié les sceptiques, les incrédules et les athées, qui n'ont foi qu'en eux-mêmes et en leurs œuvres.

Mais ce miracle, puisque miracle il y a, est possible.

L'espérance de le voir s'accomplir a toujours encouragé les millions de Français qui y croient, parce qu'ils ont foi en Dieu qui peut tout et non point en ses créatures qui ne peuvent rien.

C'est le retour sur le trône de la Maison souveraine de qui la nation tient son existence, son antique unité et les vertus qui l'ont encore soutenue et distinguée au milieu des plus terribles épreuves. Ce sont ces vertus qui lui rouvrent maintenant, par l'idée religieuse de l'expiation, du repentir et de l'espérance, les portes du salut.

Que la France y entre résolûment.

Qu'elle achève de se dépouiller des scories du matérialisme qui a atrophié pendant un siècle son intelligence.

Qu'elle brise les entraves des fausses doctrines, de la philosophie voltairienne et de la politique démagogique

qui la retiennent encore enchaînée au pilori des révolutions.

Bientôt alors elle remonterait libre, calme, heureuse
et prospère, dans les voies glorieuses qu'elle a aban-
données.

Elle reprendrait la force nécessaire pour ressaisir avec
sûreté et confiance le sceptre de la suprématie sur toutes
les nations de l'Europe ; sceptre moins lourd et plus glorieux à porter que le flambeau des révolutions transformé en torche incendiaire sous le règne hideux de la
Commune.

Elle distribuerait de nouveau aux peuples étrangers,
d'une main généreuse et libérale comme autrefois, toutes
les franchises qu'ils demandent et tous les bienfaits de
son génie.

Elle rouvrirait enfin à l'univers entier tous les trésors
de la civilisation chrétienne que Dieu semble avoir
confiés à sa garde.

Ces trésors sont ceux qui procurent aux nations, quand
elles y puisent avec confiance, la sécurité des individus,
des familles, de la propriété, du crédit public et de tous
les intérêts ; le développement de toutes les libertés
civiles, la pureté de l'enseignement religieux et de l'instruction publique, la fécondité merveilleuse des connais-
sances humaines, les charmes de la société et les joies
pures de l'existence, le règne de l'équité et de la justice,
la tranquillité intérieure, et, enfin, l'accord et l'harmonie entre tous les hommes honnêtes réunis par la
patriotique et sublime devise : *Dieu, Roi et Patrie !*

Les nations de l'Europe, alors satisfaites et heureuses
de la prééminence civilisatrice reconquise par la France,
abandonneraient à leur tour les voies révolutionnaires
où elle les a précédées et entraînées.

Elles se montreraient de nouveau dévouées et fortes pour la défendre contre ses ennemis qui seraient les leurs.

Elles uniraient leurs armes aux siennes pour repousser les attaques des Barbares modernes du Nord qui rêvent son démembrement après l'avoir déjà dépouillée, mutilée et humiliée, au point de la faire ressembler à la personnification lamentable de Sion dans l'Ecriture Sainte.

Elles l'aideraient à déjouer les secrètes convoitises du machiavélisme teutonique à l'égard de la grandeur nationale, du prosélytisme religieux, scientifique et littéraire de la patrie de Bossuet, de Fénelon, de Racine, de Corneille, de Bonald, de Châteaubriand et de tant d'autres célébrités contemporaines qui seront la gloire de leur époque.

Elles s'uniraient encore fraternellement à la France pour anéantir les projets criminels tramés dans l'ombre des sociétés secrètes par les révolutionnaires cosmopolites de l'Internationale.

Elles ôteraient à ces monstres issus de la Révolution française, qui s'agitent sourdement dans leur sein, les moyens de proclamer le règne de leurs doctrines égalitaires et sociales, qui se traduiraient pour l'univers entier, comme nous les avons vues se traduire pour la France pendant la Commune, par les massacres, le pillage, l'incendie et la ruine.

III

L'Europe a encore plus besoin de la France que la France de l'Europe.

Une expérience de douze siècles a rendu palpable cette grande vérité. A côté d'elle apparaît une autre vérité qui lui sert de corollaire : c'est que tous les trônes sont soutenus par celui de la France. Dès qu'il est renversé, tous sont ébranlés et chancellent ; dès qu'il se relève, même pour servir à un mauvais prince, il les affermit aussitôt par sa présence.

Aujourd'hui, la Monarchie qui l'a édifié dans le passé peut seule lui rendre sa solidité et son éclat terni par quatre-vingts ans de révolutions. Elle seule peut y monter sans exposer la France et l'Europe à des commotions nouvelles qui élargiraient le gouffre dans lequel la civilisation menace de disparaître.

C'est donc du rétablissement de cette Monarchie que dépendent le salut et l'existence de la nation française, le développement du crédit et de la confiance publique par des lois protectrices du commerce et de l'industrie que les gouvernements de 1789 à 1873 n'ont jamais pu mettre en vigueur, et la stabilité des puissances voisines par un équilibre fondé sur l'équité et sur la légitimité des institutions.

Jusque-là, il n'y aura pour toute l'Europe, comme pour la France, que troubles et confusions, aspirations insensées vers un ordre de choses qui n'est ni le développement du crédit et de la confiance, ni la paix, ni la stabilité, ni l'équilibre des puissances, et qui ne peut, par conséquent, donner à l'édifice social aucune des garanties que réclame son existence.

Cet ordre de choses ne peut pas être non plus celui du progrès et de la liberté, car il conduit un peuple à la décadence, à l'avilissement et à l'esclavage.

La France n'a jamais été plus fidèle à sa mission, qui est celle d'exercer « sur l'Europe une véritable magistrature »; elle n'a jamais mieux possédé la magnificence de ses destinées, que dans les temps où, à l'amour de ses rois, se mêlaient les sentiments de sa foi religieuse.

C'est alors que son nom est grand entre celui de tous les peuples du monde, et que brillent les règnes de Clovis, de Charlemagne, de Philippe-Auguste, de saint Louis, de Henri IV et de Louis XIV.

Tous les attributs merveilleux de sa mission s'effacent ou se transforment en mal lorsqu'elle proclame, comme sous les règnes de Louis XV, de Napoléon Ier, de Louis-Philippe, de Napoléon III et sous toutes les républiques, « la négation des droits de Dieu ».

Le peuple, voyant ainsi toute pensée religieuse bannie de ses codes, de son enseignement public et de ses mœurs, ne songe plus dès lors qu'à de sordides intérêts matériels et à satisfaire ses besoins naturels d'expansion et de gloire, transformés en mouvements d'insatiable orgueil et de domination.

Mais bientôt Dieu rappelle la France à son rôle en la châtiant. Il ne lui épargne alors ni les dissensions civiles, ni les révolutions sociales, ni les guerres, ni les défaites, ni les invasions, ni aucune des calamités, suite de secousses, d'agitations et de bouleversements, qui ont eu pour dénouement, à notre époque, l'immense catastrophe de la Commune.

N'est-ce pas, en effet, après chaque défaillance de foi religieuse, base immuable de la véritable foi politique des nations, que tant de pages de l'histoire de France ont dû être écrites en lettres de larmes, de sang et de deuil ?

La dernière de ces défaillances a attiré sur cette nation les châtiments terribles dont elle souffre encore. Mais au lieu de méconnaître et d'insulter la main qui la frappe, elle la bénit ; car, sous les calamités qu'elle lui a envoyées, se sont fait sentir les prémisses de la clémence et du pardon.

La Divinité avait choisi la Révolution pour être l'instrument de sa justice irritée ; elle choisira la Monarchie pour être l'instrument du salut.

IV

Les Français ont toujours été trompés par les maîtres qu'ils se sont donnés depuis 93. Tous les partis politiques qui se sont disputé le pouvoir, en conspirant les uns contre les autres et en se renversant tour à tour, leur ont tous promis la gloire, la liberté et le bonheur ; mais toujours, la honte, la tyrannie et les malheurs se sont appesantis de plus en plus lourdement sur eux.

Peuvent-ils encore ajouter foi aux promesses que ces mêmes factions leur font de nouveau aujourd'hui ?

Un Prince qui n'a jamais menti, jamais conspiré, jamais tenté des coups d'Etat, pour s'imposer par la ruse ou la violence, parce qu'il a confiance dans la force de son droit, se présente loyalement à eux pour les sauver.

C'est ainsi qu'il leur adressait déjà, vers la fin de l'année 1870, des paroles mémorables qui se perdirent dans les bruits de la guerre et de l'anarchie.

« Français, disait-il, vous êtes de nouveau maîtres de vos destinées.

« Pour la quatrième fois depuis moins d'un demi-siècle, vos institutions politiques se sont écroulées et nous sommes livrés aux plus douloureuses épreuves.

La France doit-elle voir le terme de ces agitations stériles, sources de tant de malheurs? C'est à vous de répondre.

« Durant les longues années d'un exil immérité, je n'ai pas permis un seul jour que mon nom fût une cause de division et de trouble ; mais aujourd'hui qu'il peut être un gage de conciliation et de sécurité, je n'hésite pas à dire à mon pays que je suis prêt à me dévouer tout entier à son bonheur.

« Oui, la France se relèvera si, éclairée par les lecons de l'expérience, lasse de tant d'essais infructueux, elle consent à rentrer dans les voies que la Providence lui a tracées.

« Chef de cette Maison de Bourbon qui, avec l'aide de Dieu et de vos pères, a constitué la France dans sa puissante unité, je devais ressentir plus profondément que tout autre l'étendue de nos désastres, et mieux qu'à tout autre il m'appartient de les réparer.

« Ne l'oubliez pas : c'est par le retour à ses traditions de foi et d'honneur, que la grande nation, un moment affaiblie, recouvrera sa puissance et sa gloire.

« Je vous le disais naguère : gouverner ne consiste pas à flatter les passions des peuples, mais à s'appuyer sur leurs vertus.

« Ne vous laissez plus entraîner par de fatales illusions. Les institutions républicaines, qui peuvent correspondre aux aspiratious de sociétés nouvelles, ne prendront jamais racine sur notre vieux sol monarchique.

« Pénétré des besoins de mon temps, toute mon ambition est de fonder, avec vous, un gouvernement vraiment national, ayant le droit pour base, l'honnêteté pour moyen, la grandeur morale pour but.

« Effaçons jusqu'au souvenir de nos dissensions pas-

sées, si funestes au développement du véritable progrès
et de la vraie liberté.

« Français, qu'un seul cri s'échappe de notre cœur :
« *Tout pour la France, par la France et avec la France !*

« HENRI. »

Plusieurs fois depuis cette époque, l'auguste héritier,
de Louis XVI et de Charles X tendit encore les bras à
la France en péril ; mais en même temps que sa voix
faisait vibrer les cordes les plus sensibles et les plus
généreuses des véritables cœurs français, les démagogues en rugissaient de fureur.

La Révolution se rappelait alors qu'à un signal de sa
main couverte de sang, les tambours de Santerre étouf-
fèrent sous leur sinistre roulement les dernières paroles
que Louis XVI, sur l'échafaud, adressait à son peuple
en démence. Elle renouvelait ce signal, et c'est pour lui
obéir que les trompettes de la presse radicale, bonapar-
tiste et républicaine, ont sonné des charges si furibondes
quand la voix du prince venait de temps en temps dire
aux Français : *Courage ! foi et espérance !*

Puissance mystérieuse de la Monarchie !

Voilà un prince dépossédé de son trône, dépouillé des
attributs de la Royauté, sans royaume et sans un seul
soldat à son service, qui a cependant encore assez de
force pour ranimer d'un mot, du fond de son exil, les
esprits abattus, et faire trembler la Révolution.

C'est ce double phénomène que l'on a vu se produire
d'une manière plus significative encore, en 1871, pendant le règne de la Commune.

Le comte de Chambord, s'adressant à un interprète
fidèle de ses désirs, de ses espérances, de sa volonté,
de ses pensées les plus intimes, le chargeait de les

exprimer aux Français dans les extraits suivants d'un manifeste célèbre :

« Dites-leur que je ne les ai jamais trompés, que je ne les tromperai jamais ; je leur demande, au nom de la civilisation, au nom du monde entier, témoin de nos malheurs, d'oublier nos dissensions, nos préjugés et nos rancunes.

« Prémunissez-les contre les calomnies répandues dans l'intention de faire croire que, découragé par l'excès de nos infortunes et désespéré de l'avenir de mon pays, j'ai renoncé au bonheur de le sauver.

« Il sera sauvé le jour où il cessera de confondre la licence avec la liberté ; il le sera surtout quand il n'attendra plus son salut de ces gouvernements d'aventure, qui, après quelques années de fausse sécurité, le jettent dans d'effroyables abîmes.

« Au-dessus des agitations de la politique, il y a une France qui souffre, une France qui ne veut pas périr, et qui ne périra pas ; car lorsque Dieu soumet une nation à de pareilles épreuves, c'est qu'il a encore sur elle de grands desseins.

« Sachons reconnaître aussi que l'abandon des principes est la vraie cause de nos désastres.

. . . .

« Combattez avec énergie les erreurs et les préventions qui trouvent un accès trop facile jusque dans les âmes les plus généreuses.

« On dit que je prétends me faire décerner un pouvoir sans limite. Plût à Dieu qu'on n'eût pas accordé si légèrement ce pouvoir à ceux qui, dans les jours d'orage, se sont présentés sous le nom de sauveurs ! Nous n'aurions pas la douleur de gémir aujourd'hui sur les maux de la patrie.

« Ce que je demande, vous le savez, c'est de travailler à la régénération du pays ; c'est de donner l'essor à toutes ses aspirations légitimes ; c'est, à la tête de toute la Maison de France, de présider à ses destinées, en soumettant avec confiance les actes du gouvernement au sérieux contrôle de représentants librement élus.

« On dit que la Monarchie traditionnelle est incompatible avec l'égalité de tous devant la loi.

« Répétez bien que je n'ignore pas à ce point les leçons de l'histoire et les conditions de la vie des peuples. Comment tolèrerais-je des priviléges pour d'autres, moi qui ne demande que celui de consacrer tous les instants de ma vie à la sécurité et au bonheur de la France, et d'être toujours à la peine avant d'être avec elle à l'honneur ?

« On dit que l'indépendance de la Papauté m'est chère, et que je suis résolu à lui obtenir d'efficaces garanties. On dit vrai.

« La liberté de l'Eglise est la première condition de la paix des esprits et de l'ordre dans le monde. Protéger le Saint-Siége fut toujours l'honneur de notre patrie et la cause la plus incontestable de sa grandeur parmi les nations. Ce n'est qu'aux époques de ses plus grands malheurs que la France a abandonné ce glorieux patronage.

« Croyez-le bien, je serai appelé non-seulement parce que je suis le droit, mais parce que je suis l'ordre, parce que je suis la réforme, parce que je suis le fondé de pouvoir nécessaire pour remettre à sa place ce qui n'y est pas, et gouverner avec la justice et les lois, dans le but de réparer les maux du passé et de préparer enfin un avenir.

. . . .

« Je ne suis point un parti, et je ne veux pas revenir
pour régner par un parti. Je n'ai ni injure à venger, ni
ennemis à écarter, ni fortune à refaire, sauf celle de la
France, et je puis choisir partout les ouvriers qui vou-
dront loyalement s'associer à ce grand ouvrage.

« Je ne ramène que la Religion, la concorde et la paix.
Je ne veux exercer de dictature que celle de la clémence, parce que, dans mes mains seulement, la clémence est encore la justice.

. . . .

« La parole est à la France, et l'heure à Dieu. »

« HENRI. »

V

Ce manifeste frappa de stupeur les démagogues. Mais
ils étaient alors au pouvoir ; ils reprirent bientôt leur
audace, pour dénaturer les paroles qui venaient ranimer de leur souffle la France écrasée et avilie.

Ils n'épargnèrent au Prince, ni les railleries, ni les
injures, ni les calomnies.

Ils le représentaient comme la personnification de
l'absolutisme le plus tyrannique, demandant à rentrer
en possession de ses droits héréditaires, pour s'appuyer
sur le gouvernement des prêtres, sur la prédominance
des classes privilégiées, s'environnant d'un sombre cortége d'intolérance religieuse, de droits féodaux et de lois
d'exceptions.

Enfin on évoquait le fantôme d'une guerre immédiate
avec l'Italie, comme si avant de compter sur le secours
de la France, le Pape ne comptait pas sur la justice de

la Divinité, pour reconquérir la plénitude de son indépendance, comme souverain et comme chef de l'Eglise.

C'est ce qui fit dire récemment au comte de Chambord, dans une lettre présente encore à l'esprit de tout
le monde :

« A quels mensonges la mauvaise foi n'a-t-elle pas
recours, lorsqu'il s'agit d'exploiter la crédulité publique?

« Je sais bien qu'il n'est pas toujours facile, en face
de ces indignes manœuvres, de conserver son sang-froid ;
mais comptez sur le bon sens de vos intelligentes populations pour faire justice de telles sottises.

« Appliquez-vous surtout à faire appel à tous les honnêtes gens, sur le terrain de la reconstitution sociale.

« Vous savez que je ne suis point un parti et que je
ne veux pas revenir pour régner par un parti : j'ai besoin du concours de tous, et tous ont besoin de moi. »

La résurrection de la France monarchique était considérée, en 1870, comme un rêve pieux irréalisable. Un
gouvernement impie comprimait par la terreur tous
les éléments appliqués à sauver la nation.

Mais une Assemblée nationale releva à temps le pouvoir que le tribun d'estaminet, transformé en dictateur,
laissait traîner dans la boue à Bordeaux.

Après que cette assemblée eut fait à Versailles acte de
souveraineté, en faisant acte de foi catholique, la nation
commença à respirer, à croire et à prier.

Bientôt des manifestations éclatantes de cette foi
si consolante et si féconde s'organisèrent sur tous les
points de la France, d'où s'élèvent tant de sanctuaires
célèbres et vénérés. Des milliers de Français s'y portèrent pour faire amende honorable à la Divinité outragée,

bénir sa main, implorer sa clémence, et demander dans une immense prière, le salut de la nation, de la religion et de son Eglise penchées sur l'abîme.

Alors la colère du Ciel contre la France sembla commencer à se laisser fléchir. Le rêve pieux, entretenu par des idées de foi, d'espérance et de charité, dans l'âme des cœurs qui croient et qui prient, a pris déjà à leurs yeux, les attributs d'une réalité prochaine.

Qu'il en soit donc de même pour tous les Français, qui conservent encore des préventions et des préjugés injustes contre la Monarchie.

Puissions-nous ainsi voir s'affirmer et se légitimer au grand jour, par les événements qui se préparent, les affections politiques que la Révolution a trop longtemps refoulées au fond des cœurs.

Puissions-nous enfin saluer bientôt le moment où Henri V viendra frapper aux portes de la France, qui lui répondra, dans un transport de joie et de reconnaissance, *Sire, soyez le bienvenu !*

Qu'une voix retentissante s'élève en même temps, pour répéter aux Français, nos contemporains, les paroles que le comte de Maistre semble avoir écrites pour eux, il y a quatre-vingts ans bientôt :

« Français, faites place au Roi très-chrétien, portez-le vous-mêmes sur son trône antique ; relevez son oriflamme, et que son or, voyageant encore d'un pôle à l'autre, porte de toutes parts la devise triomphale : LE CHRIST COMMANDE, IL RÈGNE, IL EST VAINQUEUR. » (1)

Alors le miracle de rétablissement de l'ordre sera accompli, et avec lui le miracle de la France sauvée.

Cette nation se relèvera rajeunie, heureuse, grande

____

(1) *Considérations sur la France,* chap. V., p. 79.

et prospère, à l'ombre du Pouvoir sous lequel elle s'est formée et sans lequel elle né pourrait plus vivre.

Mais que deviendront tous les fantômes de guerre avec l'Italie, d'oppression aristocratique et cléricale, de rétablissement de droits féodaux, de dîmes, de lois d'exceptions et d'obligations insensées, imposées aux consciences, fantômes évoqués par le mensonge la méchanceté et l'ignorance, comme le cortége indispensable de la Monarchie ?

Ils s'évanouiront d'eux-mêmes devant le Roi, accompagné de la confiance, du crédit, de la concorde, de la justice, de l'équité, de la clémence et de toutes les véritables libertés civiles, sociales et politiques, qui s'étaient enfuies avec lui dans l'exil.

Alors ces libertés si chères à la France et qu'elle n'a connues, pendant l'ère révolutionnaire, que par de vains simulacres, s'assoiront de nouveau au pied du trône, où leur place est marquée, pour imprimer aux lois et aux institutions du royaume, le caractère de force, de grandeur et de durée qu'elles ont perdues.

Mais aujourd'hui, un sentiment doit encore dominer nos espérances et nos aspirations, sans les détruire ni les affaiblir ; c'est celui qu'éveille un mot du souverain lui-même. Il a dit :

LA PAROLE EST A LA FRANCE, ET L'HEURE A DIEU.

C'est surtout aux esprits que la fièvre révolutionnaire n'a pas atteints, que s'adresse cette sentence.

C'est à eux qu'il faut dire d'en méditer la profondeur. Ils se dégageront alors de certains calculs inspirés par leur foi, mais téméraires par les conséquences qu'ils en tirent, pour pénétrer les secrets de la volonté divine et marquer le moment de sa manifestation.

Confions-nous dans les décrets de cette Volonté Suprême qui, à son gré, laisse éclater ou enchaîner les révolutions, abaisse ou relève les peuples, renverse ou redresse les trônes.

L'espoir du chrétien ne peut vivre et fleurir qu'au milieu d'un cercle de craintes, d'angoisses, d'aspirations et de prières ; et c'est souvent quand tout autour de lui semble devoir le faire désespérer, que le secours d'en Haut se manifeste.

C'est ce secours seul qui peut sauver la France.

Chambéry (Savoie), le 20 octobre 1873.

LOUIS BERTHET.

APPENDICE

I

DES PRÉTENDUS DANGERS D'UNE CONTRE-RÉVOLUTION

Les ennemis de la Monarchie légitime accumulent dans leurs journaux, à l'égard des prétendus dangers d'une restauration, des sophismes auxquels on ne peut répondre plus victorieusement que par le chapitre X des *Considérations sur la France*.

Nous en faisons l'extrait suivant, qu'on dirait écrit pour notre époque :

. . . .

Les mots engendrent presque toutes les erreurs. On s'est accoutumé à donner le nom de *contre-révolution* au mouvement quelconque qui doit tuer la révolution ; et parce que ce mouvement sera contraire à l'autre, il faudrait conclure tout le contraire.

Se persuaderait-on, par hasard, que le retour de la maladie à la santé est aussi pénible que le passage de la santé à la maladie ? et que la monarchie, renversée par des monstres, doit être rétablie par leurs semblables ? Ah ! que ceux qui emploient ce sophisme lui rendent bien justice dans le fond de leur cœur ! Ils savent assez que les amis de la religion et de la monarchie ne sont capables d'aucun des excès dont leurs ennemis se sont souillés ; ils savent assez qu'en mettant tout au pis, et en tenant compte de toutes les faiblesses de l'humanité, le parti opprimé renferme mille fois plus de vertus que celui des oppresseurs ! Ils savent assez que le premier ne sait ni se défendre ni se venger : souvent même ils se sont moqués de lui assez haut sur ce sujet.

Pour faire la révolution française, il a fallu renverser la religion, outrager la morale, violer toutes les propriétés, et commettre tous les crimes : pour cette œuvre diabolique, il a fallu employer un tel nombre d'hommes vicieux, que jamais peut-être autant de vices n'ont agi ensemble pour opérer un mal quelconque.

Au contraire, pour rétablir l'ordre, le Roi convoquera toutes les vertus ; il le voudra, sans doute ; mais, par la nature même des choses, il y sera forcé. Son intérêt le plus pressant sera d'allier la justice à la miséricorde ; les hommes estimables viendront d'eux-mêmes se placer aux postes où ils peuvent être utiles ; et la religion, prêtant son sceptre à la politique, lui donnera les forces qu'elle ne peut tenir que de cette sœur auguste.

Je ne doute pas qu'une foule d'hommes ne demandent qu'on leur montre le fondement de ces magnifiques espérances ; mais croit-on donc que le monde politique marche au hasard, et qu'il ne soit pas organisé, dirigé, animé par cette même sagesse qui brille dans le monde physique ? Les mains coupables qui renversent un Etat, opèrent nécessairement des déchirements douloureux ; car nul agent libre ne peut contrarier les plans du Créateur, sans attirer, dans la sphère de son activité, des maux proportionnés à la grandeur de l'attentat ; et cette loi appartient plus à la bonté du grand Être qu'à sa justice.

Mais, lorsque l'homme travaille pour rétablir l'ordre, il s'associe avec l'auteur de l'ordre ; il est favorisé par la *nature*, c'est-à-dire par l'ensemble des choses secondes, qui sont les ministres de la Divinité. Son action a quelque chose de divin ; elle est tout à la fois douce et impérieuse ; elle ne force rien, et rien ne lui résiste : en disposant, elle rassainit : à mesure qu'elle opère, on voit cesser cette inquiétude, cette agitation pénible qui est l'effet et le signe du désordre ; comme sous la main du chirurgien habile, le corps animal luxé est averti du replacement par la cessation de la douleur.

Français, c'est au bruit des chants infernaux, des blasphèmes de l'athéisme, des cris de mort et des longs gémissements de l'innocence égorgée ; c'est à la lueur des incendies, sur les débris du trône et des autels, arrosés par le sang du meilleur des Rois et par celui d'une foule innombrable d'autres victimes ; c'est au mépris des mœurs et de la foi publique, c'est au milieu de tous les forfaits, que vos séducteurs et vos tyrans ont fondé ce qu'ils appellent *votre liberté*.

C'est au nom du Dieu TRÈS-GRAND ET TRÈS-BON, à la suite des hommes qu'il aime et qu'il inspire, et sous l'influence de son pouvoir créateur, que vous reviendrez à votre ancienne constitution, et qu'un Roi vous donnera la seule chose que vous deviez désirer sagement : *la liberté par le monarque*.

Par quel déplorable aveuglement vous obstinez-vous à lutter péniblement contre cette puissance qui annule tous vos efforts pour vous avertir de sa présence ? Vous n'êtes impuissants que parce que vous avez osé vous séparer d'elle, et même la contrarier ; du moment où vous agirez de concert avec elle, vous participerez en quelque manière à sa nature ; tous les obstacles s'aplaniront devant vous, et vous rirez des craintes puériles qui vous agitent aujourd'hui. Toutes les pièces de la machine politique ayant une tendance naturelle vers la place qui leur est assignée, cette tendance, qui est divine, favorisera tous les efforts du Roi ; et l'ordre étant l'élément naturel de l'homme, vous y trouverez le bonheur que vous cherchez vainement dans le désordre. La révolution vous a fait souffrir, parce qu'elle fut l'ouvrage de tous les vices, et que les vices sont très-justement les bourreaux de l'homme. Par la raison contraire, le retour à la monarchie, loin de produire les maux que vous craignez pour l'avenir, fera cesser ceux qui vous consument aujourd'hui ; tous vos efforts seront positifs ; vous ne détruirez que la destruction.

Détrompez-vous une fois de ces doctrines désolantes, qui ont déshonoré notre siècle et perdu la France. Déjà vous avez appris à connaître les prédicateurs de ces dogmes funestes ; mais l'impression qu'ils ont faite sur vous n'est pas effacée. Dans tous vos plans de création et de restauration, vous n'oubliez que Dieu ; ils vous ont séparés de lui : ce n'est plus que par un effort de raisonnement que vous élevez vos pensées jusqu'à la source intarissable de toute existence.

Vous ne voulez voir que l'homme ; son action si faible, si dépendante, si circonscrite ; sa volonté si corrompue, si flottante ; et l'existence d'une cause supérieure n'est pour vous qu'une théorie. Cependant elle vous presse, elle vous environne : vous la touchez, et l'univers entier vous l'annonce. Quand on vous dit que sans elle vous ne serez forts que pour détruire, ce n'est point une vaine théorie qu'on vous débite, c'est une vérité pratique fondée sur l'expérience de tous les siècles et sur la connaissance de la nature humaine.

Ouvrez l'histoire, vous ne verrez pas une création politique ; que dis-je! vous ne verrez pas une institution quelconque, pour peu qu'elle ait de force et de durée, qui ne repose sur une idée divine ; de quelque nature qu'elle soit, n'importe : car il n'est point de système religieux entièrement faux.

Ne nous parlez donc plus des difficultés et des malheurs qui vous alarment sur les suites de ce que vous appelez *contre-révolution*. Tous les malheurs que vous avez éprouvés viennent de vous ; pourquoi n'auriez-vous pas été blessés par les ruines de l'édifice que vous avez renversé sur vous-mêmes ? La reconstruction est un autre ordre de choses ; rentrez seulement dans la voie qui peut vous y conduire. Ce n'est pas par le chemin du néant que vous arriverez à la création.

Oh ! qu'ils sont coupables ces écrivains trompeurs ou pusillanimes, qui se permettent d'effrayer le peuple de ce vain épouvantail qu'on appelle *contre-révolution !* qui, tout en convenant que la révolution fut un fléau épouvantable, soutiennent cependant qu'il est impossible de revenir en arrière. Ne dirait-on pas que les maux de la révolution sont terminés, et que les Français sont arrivés au port ? Le règne de Robespierre a tellement écrasé ce peuple, a tellement frappé son imagination, qu'il tient pour supportable et presque pour heureux tout état de choses où l'on n'égorge pas sans interruption.

Durant la ferveur du terrorisme, les étrangers remarquaient que toutes les lettres de France, qui racontaient les scènes affreuses de cette cruelle époque, finissaient par ces mots : *A présent, on est tranquille,* c'est-à-dire *les bourreaux se reposent ; ils reprennent des forces ; en attendant, tout va bien.*

Ce sentiment a survécu au régime infernal qui l'a produit. Le Français, pétrifié par la terreur, et découragé par les erreurs de la politique étrangère, s'est renfermé dans un égoïsme qui ne lui permet plus de voir que lui-même, et le lieu et le moment où il existe : on assassine à cent endroits de la France ; n'importe, car ce n'est pas lui qu'on a pillé ou massacré : si c'est dans sa rue, à côté de chez lui qu'on ait commis quelqu'un de ces attentats, qu'importe encore ! Le moment est passé ; *maintenant tout est tranquille :* il doublera ses verrous et n'y pensera plus : en un mot, tout Français est suffisamment heureux le jour où l'on ne tue pas.

. . . .

Montrez-nous, hommes trop préoccupés, montrez-nous ces maux si terribles, dont on vous menace pour vous dégoûter de la monarchie ; ne voyez-vous pas que vos institutions républi-caines n'ont point de racines, et qu'elles ne sont que *posées* sur votre sol, au lieu que les précédentes y étaient *plantées*. Il a fallu la hache pour renverser celles-ci ; les autres cèderont à un souffle et ne laisseront point de traces. Ce n'est pas tout à fait la même chose, sans doute, d'ôter à un président à mortier sa dignité héréditaire qui était une propriété, ou de faire descendre de son siége un juge temporaire qui n'a point de dignité. La ré-volution a beaucoup fait souffrir, parce qu'elle a beaucoup détruit ; parce qu'elle a violé brusquement et durement toutes les propriétés, tous les préjugés et toutes les coutumes ; parce que toute tyrannie plébéienne étant, de sa nature, fougueuse, insultante et impitoyable, celle qui a opéré la révolution fran-çaise a dû pousser ce caractère à l'excès ; l'univers n'ayant jamais vu de tyrannie plus basse et plus absolue.

L'opinion est la fibre sensible de l'homme : on lui fait pousser les hauts cris quand on le blesse dans cet endroit ; c'est ce qui a rendu la révolution si douloureuse, parce qu'elle a foulé aux pieds toutes les grandeurs d'opinion. Or, quand le rétablissement de la monarchie causerait à un aussi grand nombre d'hommes les mêmes privations réelles, il y aurait toujours une différence immense, en ce qu'elle ne détruirait aucune dignité, car il n'y a point de dignité en France, par la raison qu'il n'y a point de souveraineté.

. . . .

. . . .

II

UN MOT SUR LA SAVOIE

Nous sommes heureux d'avoir laissé le dernier la parole au comte de Maistre, après nous être inspiré de ses immortelles théories dès le début de ce travail.

Qu'il nous soit permis, pour terminer, de dire un mot de la Savoie, la patrie du grand écrivain et la nôtre.

Cette contrée, quoi qu'en aient pu dire les apôtres de la démagogie chargés de la convertir à de funestes doctrines anti-sociales et irréligieuses, n'a pas oublié son passé monarchique et catholique.

Rien n'a pu en effacer dans nos montagnes les souvenirs glorieux.

Ce passé a été un palladium tout-puissant au milieu du cahos révolutionnaire, où une guerre récente, d'immenses désastres et l'anarchie ont plongé la France. Il nous défend encore contre les influences malsaines des théories oppressives, spoliatrices et sacriléges qui reçoivent en ce moment à nos côtés, en Suisse et en Italie, la déplorable sanction de deux gouvernements vendus à la Prusse.

En 1860, une complication d'événements politiques qu'il serait trop long de rappeler ici (1), a brusquement détaché notre pays des domaines de la Maison souveraine qui de toutes ses gloires, évanouies dans *l'unité* italienne, n'a plus que celle de porter le nom de Savoie, celui de son berceau.

(1) Cette étude occupe une large place dans notre ouvrage en préparation de publication : *La Savoie monarchique, ou Italie, France et Savoie.*

Mais l'accident de la politique d'équilibre et d'aventure qui a réuni à la France les Savoyards, leur a épargné une complicité dans les attentats médités par le Piémont contre Rome. Il leur a apporté, avec la nécessité douloureuse d'une séparation du trône qui s'est fondé au milieu d'eux, le moyen d'abriter dans l'histoire leurs antiques traditions de fidélité au principe monarchique lui-même. C'était un héritage qu'ils étaient jaloux de conserver après l'avoir déjà sauvé plusieurs fois, pendant une durée de huit siècles de vicissitudes et d'épreuves.

Si les liens de cette fidélité proverbiale de la Savoie à la dynastie des Humbert, des Amédée et des Emmanuel-Philibert ont été brisés à l'annexion, nous avons le droit et la gloire de dire aujourd'hui que ces liens n'ont pas flotté au vent variable des opinions, et ne se sont pas traînés dans la boue des émeutes et des révolutions. Nous en avons pieusement retenu dans nos mains et abrité dans nos cœurs les bouts flottants.

Telle a été l'attitude que la Savoie a eu le courage de garder pendant les onze années de son existence sous le second Empire, cherchant en vain autour d'elle l'objet nouveau du culte traditionnel de son attachement et de sa fidélité.

Qu'elle se tournât à droite ou à gauche des horizons politiques que le traité du 24 mars 1860 et son exécution le 14 juin suivant, ouvrirent devant elle, pas un souffle d'espérance ne venait la consoler et ranimer ses illusions, évanouies dès les premiers mois de son annexion à la France des Bonaparte.

Au lieu d'un souverain fort de l'amour et de la liberté du peuple, elle voyait un César qui puisait sa puissance dans l'affaissement moral de la nation, sans cesse dominée par la terreur des coups d'Etat.

Au lieu des priviléges et des franchises réclamées pro
visoirement par les nécessités de la transition pacifiqu
d'un régime qui lui était connu à un autre régime qu'el
ignorait, c'était le niveau d'une législation, d'une juris
prudence et d'une administration que des fonctionnaire
hautains, maladroits, ne doutant de rien et visant a
proconsulat, faisaient peser de tout son poids sur ell
comme sur un pays conquis.

Dans les deux courants principaux d'opinions qu
avaient réussi à se faire jour et à dominer les idées dar
les voies de l'opposition contre le régime impérial,
Savoie ne voyait que des ambitieux déchirant la socié
par des tiraillements auxquels ils la soumettaient. Ch
aucun elle ne découvrait l'intérêt général du peuple pou
but, et le désir de contribuer à replacer la France su
la voie de ses véritables destinées, sous l'égide de
liberté dans l'ordre.

Les socialistes ne le pouvaient sans se détruire eu
mêmes. N'ont-ils pas démontré, dans les récents d
sastres de la France, que leur rêve d'anéantir l'indiv
dualité civile et sociale est l'expression la plus complè
de la tyrannie et de l'esclavage ?

Les républicains, soit par ignorance du principe mên
de leur politique, soit par les influences fatales des sect
occultes auxquelles ils obéissaient , ne voulaient et 1
veulent encore maintenant reconnaître qu'une seule a
torité : celle des multitudes. Ils invoquaient sans ces
la liberté ; mais il était sous-entendu pour tout le mon
que cette liberté devait être pour eux seuls.

Socialistes et républicains trouvaient un point de ra
liement et d'accord de leurs doctrines dans une hai
commune contre la religion catholique, cette compag
inséparable de tout pouvoir solide, de toutes les liberl
et de toutes les gloires d'une nation.

Ce n'était donc ni dans le régime césarien qui écrasait la France, ni dans les partis politiques qui s'emparèrent du pouvoir après avoir conspiré contre lui, que la Savoie pouvait trouver un lien, digne d'elle, entre le passé et le présent.

Elle avait connu les bienfaits d'une Monarchie chrétienne, forte de ses principes éternels, entourée de toutes les affections et de toutes les libertés qu'elle garantissait aux peuples abrités sous son aile.

Sa longue expérience du régime monarchique lui permettait de faire des rapprochements avec un régime semblable en France, avant l'ère révolutionnaire.

Elle savait que les aspirations les plus honorables, les plus intimes de cette nation, étaient tournées vers lui ; car il signifiait pour elle le salut, la paix, la liberté et la prospérité qu'aucun autre régime, républicain ou césarien, n'avait pu ni ne pouvait jamais lui donner.

La Savoie a attendu avec résignation et confiance que ces aspirations pussent se légitimer au grand jour, comme les siennes, sans exposer le pays à de nouvelles catastrophes.

Ce jour semble être arrivé.

Savoyards ! sortons de la réserve et de la froideur de notre attitude qui nous était si vivement reprochée pendant l'Empire, comme l'effet d'un caractère rétif et d'une prétendue indifférence pour la France.

Nous sommes les derniers venus dans la grande famille française, soyons des premiers à faire sortir de nos robustes poitrines notre vieux cri de : Vive le Roi !

L'écho de nos montagnes ne l'a pas oublié ; il le répètera encore quand Henri V montera sur le trône. Nous le redirons alors avec cet accent de sincérité, de bonheur et de vaillance, que nos pères mettaient à le faire retentir à côté de nos anciens princes, sur les champs de bataille, au moment du danger comme au moment du triomphe ; et quand ces mêmes princes venaient nous visiter, nous remercier de notre fidélité à garder le berceau de leur dynastie, ou méditer pieusement sur les tombeaux de leurs ancêtres, à Hautecombe.

Ce n'est pas à la France monarchique que nous ferons le reproche, mérité par l'Empire et par la République, de méconnaître le véritable caractère, les sentiments, les vœux et les besoins de la Savoie.

Cette France connaît et aime ce pays, et elle doit l'aimer plus que jamais, parce que son sort se liera bientôt plus étroitement au sien dans une solidarité d'intérêts supérieurs aux questions d'équilibre de nations et de puissances, invoquées aux yeux de l'Europe en 1860.

Ces intérêts n'ont aucun rapport avec les combinaisons des traficants de peuples, à l'époque de l'annexion, ni avec la politique d'aventures et de surprises de Napoléon III, ni avec les théories insensées des démagogues et leurs projets de bouleverser l'ordre social.

C'est dans les œuvres des écrivains savoyards, tels que les François de Sales, les Vaugelas, les Favre, les de Maistre et les Martinet, que la France lettrée, catholique et monarchique, a appris à connaître la Savoie, mieux que n'ont su le faire dans leurs journaux l'Empire et la République. Elle sait que ce petit coin de terre a été de tout temps fertile en hommes illustres qui écrivirent dans sa langue, en professant les doctrines des Bossuet, des Fénelon, des Bonald et des Châteaubriand. Elle sait que nous serons toujours heureux d'associer dans les mêmes souvenirs, dans une même pensée, nos gloires, en tous genres, aux siennes.

Ces gloires ont une origine commune : c'est à l'ombre du trône des Bourbons et du trône des descendants d'Humbert-aux-Blanches-Mains qu'elles ont reçu le jour. La même foi catholique les a bercées, nourries et fait grandir, en les environnant de la lumière immortelle qui éclaire et guide encore aujourd'hui les intelligences d'élite des deux pays, dans les voies du véritable progrès et de la vraie liberté.

C'est le Christ mourant qui, de ses deux bras étendus sur la croix du Calvaire, a indiqué ces voies à la conscience égarée du monde païen ; et c'est le catholicisme qui les a tracées devant nous à travers de douloureuses épreuves terrestres et de célestes espérances.

Et n'est-ce pas le chef auguste de cette Religion, n'est-ce pas Pie IX, qui nous convie si souvent à l'y suivre, en donnant lui-même au monde chrétien un spectacle sublime de résignation, de courage et de confiance en l'avenir.

OUVRAGE DU MÊME AUTEUR

EN PRÉPARATION :

LA SAVOIE MONARCHIQUE

OU

ITALIE, FRANCE ET SAVOIE

Chambéry, imp. E. D'ALBANE, place St-Léger, 13